孙多勇汇客厅 2.0

医美创新经营之道

孙多勇管理咨询实录

孙多勇 ◎ 著

中华工商联合出版社

图书在版编目(CIP)数据

医美创新经营之道 / 孙多勇著. -- 北京：中华工商联合出版社，2024.7. -- ISBN 978-7-5158-4049-9

Ⅰ.F726.99-44

中国国家版本馆CIP数据核字第2024T6K464号

医美创新经营之道

作　　者：孙多勇
出 品 人：刘　刚
责任编辑：胡小英
书籍设计：金　刚
责任审读：付德华
责任印制：陈德松
出版发行：中华工商联合出版社有限责任公司
印　　刷：文畅阁印刷有限公司
版　　次：2024年8月第1版
印　　次：2024年8月第1次印刷
开　　本：880mm×1230mm　1/32
字　　数：248千字
印　　张：10
书　　号：ISBN 978-7-5158-4049-9
定　　价：88.00元

服务热线：010—58301130—0（前台）
销售热线：010—58302977（网店部）
　　　　　010—58302166（门店部）
　　　　　010—58302837（馆配部、新媒体部）
　　　　　010—58302813（团购部）
地址邮编：北京市西城区西环广场A座
　　　　　19—20层，100044
http://www.chgslcbs.cn
投稿热线：010—58302907（总编室）
投稿邮箱：1621239583@qq.com

工商联版图书
版权所有　侵权必究

凡本社图书出现印装质量问题，请与印务部联系。
联系电话：010—58302915

自序 AUTHOR'S PREFACE

> 当你的才华和能力撑不起你的野心时,应该静下心来努力学习。
> ——孙多勇

或许,中国医美行业走到了最艰难的时刻,今年有很多医美行业的同学与朋友都在问我各种各样的问题,有些是关于战略,有些是关于组织,还有些关于经营管理过程中遇到的各种困扰,当然也有很多是关于当下热门的轻医美话题。

这其中有很多问题都是相似的,甚至是完全相同的。于是,我在答疑的同时,也在思考:应该还有很多医美机构也遇到了类似的问题,只是他们暂时还没有机会找到我和我的团队去答疑解惑,所以他们很有可能会在这些问题上踩坑。

作为中国医美教育培训行业的先行者,我应该做一些更有价值的事情,那就是把这些问题的答案整理成一本书,让正在困惑中迷茫的医美人能够找到自己想要的答案。

关于书的价值,我从小就有很深的记忆:当时家里从事畜牧业,猪牛羊生了大病就请兽医,如果只是常见的小病拿出一本兽医工具书,对照症状找到用药方案,自行医治一下往往也就解决问题了,这样的场景让我记忆犹新。

如今的中国医美行业，绝大多数中小企业的发展都是摸着石头过河，在行业的野蛮增长期大刀阔斧地开始干，干着干着碰壁后再回头，事实上这个时候已经浪费了很多人力、财力和物力，也可能错过了机构发展的最佳窗口期。

因此，中小型医美机构需要这样一本书，也许，这本书没有什么高深的道理，也没有需要深度思考的底层逻辑，甚至不需要高屋建瓴的见解与认知，老板在遇到困惑的时候、在需要作决策的时候，可以去翻找下：有没有其他机构也遇到过这样的问题？孙老师给出了什么样的建议？这些建议对我来说有什么样的启迪与借鉴价值？

所以，我更愿意称这本书为"医美版的新华字典"。它的内容并不是我坐在办公室里凭空编写出来的，而是精选了最近两年来我在交付200多家会员机构战略诊断权益过程中所解答的问题记录，以及在总裁班课程上与学员现场互动答疑的精选。

书中所摘录的几百条精辟问答，都是我与医美机构老板之间智慧碰撞的结晶，我认为这本书的真正意义是成为对医美机构有实战指导意义的"方向指南针"能够真正帮助成长型医美机构解决发展过程中遇到的实际问题，至少可以得到有效的启迪。

一直以来，汇成医美教育最令我自豪的并不是我们拥有了怎样的行业地位与发展成果，而是我们在15年的发展过程中，一直以超强的产品创新能力不断迭代着知识体系，引领着中国医美行业的发展：我们是第一家真正意义上的医美教育咨询公司、医美会销模式的开创者，研发了医美行业第一个SaaS系统，率先将RFM模型[①] 导入医美行业，第一个打

[①] RFM 模型是一种用于衡量客户价值和客户创利能力的重要工具和手段，它通过三个维度来描述客户的价值状况：最近一次消费（Recency）、消费频率（Frequency）和消费金额（Monetary）。

造了轻医美教学中心⋯⋯⋯⋯

今天我们敢把这些非常有价值的知识点公布出来,既不担心同行抄袭模仿,更不担心医美机构因此而降低了对学习的兴趣,因为我们从不怀疑自己的创新速度。

其实比起书中直接给出的那些答案,我更希望这本书能够传递一种信息——学会思考、学会问为什么。

对于医美机构的老板、合伙人和管理层而言,学会思考其实是一种成熟的表现。我们绝大多数中小型机构的老板不愿意往深层次去思考,喜欢复制、喜欢拿来主义、喜欢照搬经验。其实看似相同的问题,因为机构自身情况、竞争环境、团队基因的不同,可能具体的执行方向与路径就不尽相同,因此我们不建议照搬照抄,更希望通过个案来启迪大家的认知。

我在书中表达的很多观点,在当时当下看是正确的,但是在瞬息万变的医美行业中,随着时代的变化、商业环境的变化、竞争格局的变化,这些答案很可能就会失去有效性,不再具有参考价值,所以,我争取每年都更新一版。

越是在艰难的时刻,我们越是要坚持学习与思考。希望所有的医美同仁都能够放下内心的浮躁,高效学习、认真思考,在这场变革中以笃定的心态坚持做难而正确的事情,最终让梦想照进现实!

01 第一部分 | 战略篇 STRATEGY CHAPTER

1. 2024年医美行业发展趋势 /002

2. 医美机构的终极出路在哪里？ /002

3. 机构规模过小，该如何改善被动的窘境？ /003

4. 渠道机构可否在每个县授权一个生美门店开轻医美诊所？ /004

5. 三四线城市渠道医美能否转型直客医美？ /005

6. 别墅区小型渠道机构能否为了提升品牌势能换一个地址？ /006

7. 疫情后机构营收差，当下单品在渠道上是否有优势？ /007

8. 定位眼部整形的渠道医美机构，瓶颈期下如何破局？ /007

9. 省会渠道机构在周边开了5家分院，经营较差，是该保留还是关闭？ /008

10. 自营中医品牌，一家直营三家加盟，直营店经营良好，是否建议进一步扩大规模？ /010

11. 机构营业额和利润做到什么程度，才能成为资本眼中值钱的企业？ /010

12. 三线城市头部渠道医美机构，是否建议到超一线城市入股一家新开渠道机构？ /011

13. 如何看待未来十年医美行业的发展？ /013

14. 想要打造一个自己的械字号产品品牌，需要做哪些努力？ /014

15. 透明医美适合新起盘机构吗？ /015

16. 体量1E左右的传统直客机构，另有三家商场诊所，经营欠佳，该怎么办？ /016

17. 品牌已注册多年，不利于传播，是否应该改名？ /017

18. 县级市新开直客机构，可以通过哪些宣传渠道提升品牌力？ /018

1

目录

19. 凛冬将至，医美机构要如何过冬？/019

20. 区域头部生美连锁机构，医美与生美业绩为1：4，利润1：1，该如何规划未来发展？/020

21. 品牌在省会城市已有五家，第六家准备定位为高端顾客服务，可否实现？/022

22. 渠道医美的趋势：一是上游服务商；一是会员体系，能否并轨？/022

23. 医美行业经营困难，产品自有化有没有可能成为医美机构的第二增长曲线？/023

24. 中小企业员工对企业使命、愿景、价值观无感，甚至软抵抗，建议如何同频？/024

25. 集团公司在渠道医美和大健康中纠结，该如何选择？/025

26. 随着医美行业越来越透明，以后会不会陷入价格战，应该怎样应对？/026

27. 传统双美连锁机构，计划开50-199家皮肤社区为机构送客，是否可行？/027

28. 新一线头部渠道医美机构，经营困难，是否必须转型？/028

29. 辐射全国市场的私密渠道，想联合代理在重要城市开设私密医院，是否可行？/029

30. 转型私密上游赋能商的远期价值在哪？利润空间如何规划？/031

31. 新一线城市生美连锁，有三家皮肤科诊所资质，未来做渠道还是直客合适？/032

32. 双美机构同时经营一家中医馆，建议未来转型中医馆还是皮肤科？/033

33. 生美上游厂商，想要打造医美供应链，有哪些建议？/034

34. 规划上市的医美产业集团，计划拿3000亩建一个产业基地，什么时候启动合适？/035

35. 对标韩国医美发展史，中国生美发展前景如何？/036

36. 医美机构是否能渠道、直客一起做？/036

37. 因为情怀开设一家新机构，但没有盈利，是否该关停？/037

38. 县级市适合开渠道医美机构吗？/038

39. 大健康机构选址，是选交通便利的，还是选择税收优惠但偏远的新区？/039

40．布局上市时，现在应该做规模，还是优化找代理做品质？/040

41．医美为什么没有出现像餐饮那样的连锁企业？/041

42．中小型渠道适合做贴牌玻尿酸吗？/042

43．三四线30年机构，2 000平方米现在开新生美解决流量问题合适吗？/043

44．28年整形医院还有四家生美连锁，但内耗严重，该怎么办？/044

45．传统双美机构，有一些私密业绩，现在想开一家自己的私密机构，可行吗？/046

46．把医美机构做到极致的性价比，有没有市场竞争机会/047

47．机构一直亏损，消耗了老板大量精力，该怎么解决？/048

48．两个城市分别有一家机构，战略该如何制定？/049

49．新开机构是否可以引流以往的高端客户？/050

50．疫情期间能保持业绩增长的机构都在做些什么？/050

51．什么是北极星指标？如何制定企业的北极星指标？/051

52．机构主营拉皮品项，线上营销做得很好，但当地默默无闻，该如何做强当地市场渗透率？/053

53．县级市拥有二三十年历史的老牌医美机构，自建独栋建筑，体量太大却顾客不足，该如何盘活？/054

02 第二部分 | 营销篇
MARKETING CHAPTER

54．外部恶性竞争，流量下降，客户没有忠诚度，该怎么办？/058

55．同城及周边医美机构采用超低价引流，我们跟不跟？/059

3

目录

56. 如何看待当下很火爆的某玻尿酸品牌，能合作作为引流项目吗？/060

57. 直客线上引流顾客转化难，该如何解决？/061

58. 组织院内VIP客户参加小型文旅活动是否有价值？/062

59. 双美机构大促赠送的十年权益卡，但顾客只薅羊毛该怎么办？/063

60. 二线新开医美机构是否需要投放品牌广告，怎么投？/064

61. 省会新开皮肤抗衰类轻医美机构，品牌该如何定位？/065

62. 机构命名有何讲究？/065

63. 机构经营多年没有商标，现名称无法注册怎么办？/067

64. 传统医美转型轻医美，品牌命名有哪些注意事项？/068

65. 医美机构要怎么样才能做出品牌差异化？/069

66. 一线头部生美连锁，有新开计划，建议如何装修？/070

67. 医美机构营销成本居高不下，问题出在哪里？/071

68. 私域2.0时代，医美机构应该怎么做？/073

69. 百度竞价越来越没有性价比，要不要停掉？/074

70. 目前机构美团流量做到了地级市No.1，要不要收缩预算？/075

71. 四线名医直客机构，需不需要打造医生IP？什么平台合适？/075

72. 四线城市成立一年的机构，要不要做线下推广？/076

73. 三四线城市轻医美机构的美团投放，前期投产比多少为良性增长？/077

74. 怎么能让成本价销售的产品实现高利润？/077

75. 医美机构创始人IP打造，有哪些可借鉴的经验？/079

76. 渠道医美机构做短视频营销会不会影响店家的信任度？/080

77. 医美机构做短视频营销要怎么做？/081

78. 直客机构能不能在机场打广告？如何核算投产比？/082

79. 抬高线上体验卡金额，能否筛选出更多优质顾客？/084

80. 做了一年直播，老客客单价下降明显，该如何解决？/084

81. 渠道医美机构医生能不能做线上线下面诊？/085

82. 新开轻医美机构能不能利用医生的资源做营销？/085

83. 三线直客机构，乔雅登做到了全省第二，低价玻尿酸还要不要卖？/086

84. 皮肤类项目前段引流应该侧重肤色还是肤质项目？/087

03 第三部分 运营篇 OPERATION CHAPTER

85. 如何更有价值地服务高净值客户？/090

86. 企业的薪资、产品、引流成本占比多少合理？/091

87. 渠道医美怎么样才能持续深度锁定店家？/092

88. 渠道机构代理商垄断了高净值客户，但很久不再产出业绩，应该如何破局？/093

89. 机构想要推进标准化业务流程建设，推进中有哪些注意事项？/094

90. 初创期渠道机构，新入职的高管抓业务流程标准化建设合适吗？/095

91. 会员中心的服务可以分为哪几个层面？/096

92. 区域头部机构，顾客资源严重透支，如何找到新的增长点？/097

93. 区域头部机构推出2 980元/张体验卡，是否可行？/098

5

目录

94. 医美运营官这个岗位，未来有发展潜力吗？/100

95. 直客机构连锁门店的价格体系需要统一吗？/101

96. 医美机构有大量沉睡老客如何激活？后续部门及绩效该如何推进？/101

97. 双美转型的直客机构，如何规避价格冲突？/102

98. 二线渠道机构，明年想启动会员制，需要做什么准备？/103

99. 要怎么样才能做到真正的降本增效？/105

100. 医生要怎么样才能远离医美纠纷？/107

101. 如何避免优质顾客突然"消失"？/109

102. 医美机构怎么样才能做好客户的全生命周期管理？/110

103. 面对对手的无底线价格战，要怎么应对？/111

104. 渠道医美高拓客成本导致溢价，透明化政策下还有机会吗？/113

105. 怎么提升单店专场会的业绩？/114

106. 18年生美老店，拥有大量沉睡顾客，应该怎样激活？/115

107. 渠道机构经营不善，问题颇多，怎么样才能减少损失？/116

108. 双美机构客量不大，想转型皮肤但需购买大量仪器，是不是很难产生利润？/117

109. 双美引进一套新仪器要怎么做推广？/118

110. 渠道主打抗衰，初步计划推出颈部或手术项目，可行吗？/119

111. 机构主推项目感觉已经到顶了，能不能用新的品项拉动业绩？/120

112. 区域头部机构，会销会务招商都不错，但是单价复购不理想，问题在哪？/121

113. 渠道医美机构怎么样才能让店家保持忠诚度？/122

114. 直客机构想做老带新活动，是不是要给予一定的销售返佣？/123

目录

115. 主推私密的渠道机构，是否要重点对外宣传私密 品项？/124

116. 渠道医美开口卡越来越难卖了，靠什么拉动新客上门、业绩提升？/125

117. 渠道机构疫情以来下沉式做业绩，医院每天处于半空状态，会员制如何落地？/126

118. 渠道医美核心店业绩下滑严重，合作吃力，该如何解决？/127

119. 机构热卖的高端品项目遭遇低价竞争，是否需要跟风降价？/128

120. 疫情后原有的营销策略全都失效，有什么办法？/129

121. 会员制能不能提升医美顾客的复购率，如何操作？/130

122. 怎样从不同维度提升顾客活跃率和复购率？/132

123. 渠道医美计划降低产品耗材成本来提升利润，是否可行？/134

124. 拓客项目该如何定价？/135

125. 传统双美机构，如何说服生美高管同意以1.5倍膨胀政策将已收未耗款转化为微整消耗？/136

126. 医美行业价格战激烈，如何打破"价格战"内卷？/137

127. 传统医美机构，医美大单外输，小单自理，无法盈利如何破局？/139

128. 想承诺"不满意就退款"，但如果真的有很多客人来退款，怎么办？/140

129. 大批生美预存款三五年未消耗，能否当作利润自动消耗？/142

130. 一线渠道转直客，直客销量赶超渠道，该如何抉择？/143

131. 双美机构医美项该如何选品？能否用一部分仿品？/144

132. 每年都会有几个月业绩严重下滑，如何拉平业绩，减少亏损？/145

133. 机构销冠看不上小单顾客，但机构舍不得业绩损失，如何取舍？/146

134. 双美机构把医美业绩分给生美后，医美板块该如何定价？/146

7

目录

04 第四部分 | 绩效篇 PERFORMANCE CHAPTER

135．会员中心的绩效该如何制定？/150

136．咨询、医生到底要不要给保底工资？/151

137．护士长、人资、仓库等非业务岗位要不要给绩效？怎么定？/152

138．好的医生除了保底工资外，有没有更好的绩效激励方式？/153

139．启动KPI考核前要做哪些准备？/153

140．核心管理层的绩效该怎么制定？/154

141．医生要不要做二开绩效？怎么做？/155

142．企业亏损的情况下，如何优化薪酬体系和绩效机制？/156

143．与员工制定对赌协议，因不可抗力因素没有完成，怎么办？/156

144．老客激活后产生的业绩如何分配？/157

145．渠道新招聘市场高管，能自带资源，是否要给返点？怎么定？/158

146．销售岗的底薪给多少才合适？/159

147．自有生美门店输送轻医美顾客，用不用绩效考核？怎么做？/160

148．双美机构一卡通的会员卡业绩该如何分配？/161

149．老板是机构的"招牌"，顾客都找老板，其他员工工作不饱和，怎么办？/163

05 第五部分 | 招聘篇
RECRUITMENT CHAPTER

150. 企业哪些岗位适合外招，哪些适合内部提拔？有什么注意事项？/166

151. 医美行业为什么不建议招"苦大仇深"的员工？/168

152. 机构医生水平一般该如何培养？如何吸引优秀的医生？/169

153. 市场招聘慢，新员工无资源，团队力量太弱，如何破局？/171

154. 初创企业需要招聘很多人，招聘顺序要怎么定？/172

155. 员工面试都要老板本人面试吗？/172

156. 从其他机构挖来的人，是不是也会被别人挖走？/173

157. 如何到对标机构挖人？/174

158. 机构员工到底需不需要保底工资？/175

159. 高端轻医美机构计划只招聘台湾地区的医生，合适吗？/177

160. 三四线城市如何挖掘有经验的医美核心人才？/178

161. 连锁直客计划开新店，没有合适的店长人选，怎么办？/180

162. 四线直客没有专业的招牌医生如何招聘？中医证医生是否可行？/181

163. 生美连锁店长能否到直客做老客激活部门的负责人？/182

164. 轻医美门店招操盘手，胜任力模型是什么？/182

165. 渠道机构市场团队中的"政委"岗是如何甄选的？/183

166. 市场招聘人员淘汰率高，如何破局？/185

167. 渠道医美是否需要招聘市场开发，招带资源的还是不带资源的？/186

9

目录

168. 机构招聘本行还是跨界更合适？有无技巧？/187

169. 培养了很多人才但留存率不高，中间出现了什么问题？/188

170. 挖来的高管想要从老东家带多人入职，是否可行？/188

06 第六部分　组织篇　ORGANIZATION CHAPTER

171. 高管提拔中操之过急，老板该如何体面地解决？/192

172. 因业务原因把行政高管转为HRD，如何弥补个人短板问题？/193

173. 直客是否需要会员中心？负责人人选有什么建议？/194

174. 企业到什么阶段可以开展企业文化与价值观搭建？/196

175. 渠道团队服务、合作、岗位等问题诸多，如何整改？/197

176. 内部提拔的总经理考核期内，如何带教与考核？/198

177. 双美机构老板亲自负责运营，但内耗严重，该怎么办？/199

178. 三线双美机构转型轻医美，医生团队、价值及仪器该如何选择？/200

179. 发展阶段公司高管分封太多，如何解决？/200

180. 人事过于严谨，企业氛围没有人情味，怎样解决？/201

181. 社区轻医美连锁如何搭建中台运营团队？/202

182. 机构有2个咨询师，市场团队都喜欢输送顾客给配合度高的那个，有何建议？/202

183. 连锁机构有打造网红店计划，店长是否可以让集团网络经理兼职？/204

184. 渠道医美市场业绩不理想，是否还需要保留？/205

185．业绩高但为人傲慢的设计总监要不要继续留用？/206

186．会员中心应服务高价值顾客还是小散客？/207

187．咨询师与助理配置比例多少合适？组合还是锁定？/207

188．机构当下团队完善，但缺乏第二梯队，如何解决？/208

189．想要花精力培养能力不足的高管，又担心其能力提升之后离职怎么办？/210

190．高管能力一般、流失率高，如何解决？/211

191．跟随多年的干将计划带配偶来上班是否合适？如何安排岗位？/212

192．高管离职，现有候选人如何提拔合适？/213

193．高管离职创业后想再回归企业，如何沟通？/215

194．团队断层严重，应该招聘中层还是培养人选？/216

195．多年老员工能力强但不会管理，应该如何任用？/218

196．怎么样才能更好地留住高管？/219

197．多年管理层价值观很好，但业绩不足，如何任用更适合？/220

198．重金招聘高管留存率太低，如何解决？/221

199．机构开拓新业务板块，招聘新人还是老班底提拔？/222

07 第七部分 修身篇 SELF-CULTIVATION CHAPTER

200．携手创业的夫妻面临离异，如何避免对企业的伤害？/226

201．海归美二代是否合适接班？/226

目录

202. 创业者应该怎样平衡工作和家庭？/228

203. 生美转型轻医美，如何颠覆原有的生美思维？/229

204. 如何经营一家有温度有未来的美业机构？/230

205. 经营医美机构为什么要敢于做难的事情？/231

206. 夫妻可以一起做事业吗？/233

207. 机构老板也是首席专家，精力忙不过来，如何调整？/234

208. 高管离职创业，如何处理好与前老板的关系？/234

08 第八部分　轻医美篇
LIGHT MEDICAL BEAUTY CHAPTER

209. 轻医美毛利水平低，没有盈利模式，如何解决？/238

210. 下沉式轻医美行业，未来生存与发展空间如何？/240

211. 轻医美机构多大规模的时候适合搭建中台？/240

212. 渠道机构有没有可能每个区域联合20～30家门店一起开一家诊所？/241

213. 当下轻医美如何做到轻资产，什么情况下可以仪器合作？/242

214. 什么是轻医美？/243

215. "轻医美"概念很火，真的有很大市场空间吗？/243

216. 新轻医美品牌，当地没有知名度，如何做美团线上品项定价？/245

217. 三线渠道经营下沉省内四五线，是否应该转型轻医美？/245

218. 直客基因老板想做轻医美，社区还是商圈适合？/246

目录

219. 在省会城市开1~2家轻医美样板店，形成标准后放开区域加盟连锁，是否可行？/247

220. 什么人适合做未来轻医美直管店投资人？/248

221. 定位高端生美连锁转型"轻医美+SPA"，环境布局和营销怎么做？/249

222. 轻医美机构定位抗衰，前段光子、美白拓客，后段升抗衰，冲突吗？/249

223. 轻医美上游赋能商可以要求店家统一品牌名称吗？/251

224. 轻医美连锁同城已加盟十余家，放开外市加盟还是同城继续加盟？/252

225. 轻医美火了，手术类项目真的没有未来了吗？/253

226. 轻医美SPA，有一部分生美存量客户，有什么办法可以转化为医美？/253

227. 哪些人适合转型投资轻医美？/255

228. 渠道转型开轻医美有没有机会？/256

229. 轻医美机构该如何选品？"大而美"还是"小而美"适合？/257

230. 生美转型轻医美，是不是必须走高端路线？/259

231. 传统生美，10家皮管+1家轻医美连锁模式靠谱吗？/260

232. 为什么轻医美是风口？/261

233. 轻医美连锁加盟，计划走先农村后城市的战略，先布局三四线城市，是否可行？/262

234. 二线直客计划商圈内开轻医美，运营模式有什么建议？/263

235. 赋能现有双美转型，为什么要聚焦轻医美，可以做整外吗？/264

236. 轻医美连锁的核心是什么？/265

237. 轻医美机构需要哪些医疗资质？/266

238. 轻医美机构的品项体系应该如何搭建？/267

239. 轻医美上游赋能商如何保证店家的忠诚度？/268

13

目录

240. 轻医美上游赋能商有必要定制进口设备吗？/269

241. 渠道医美转型轻医美上游赋能商，需要帮助店家拓客引流吗？/270

242. 轻医美连锁加盟费门槛如何制定？/270

243. 传统双美连锁转型"新双美"，主推品项有推荐吗？/271

244. 新开轻医美机构，是否要采用会员制？/272

245. 生美转型连锁轻医美，现有外部合作的项目还要继续做吗？/273

246. 三线1家医美＋9家生美，医美起步晚，还需要开一家轻医美吗？/273

247. 传统双美构老板转型轻医美要做哪些准备？/274

09 第九部分 双美转型篇
SHUANGMEI TRANSFORMATION CHAPTER

248. 双美专注转型轻医美，生美真的不能再扩张了吗？/278

249. 传统双美机构如何孵出皮管中心等新美业品牌？/279

250. 生美转型双美初期时遇到的关键问题是什么，建议如何解决？/279

251. 双美开通抖音获客，生美不接受顾客低价引流，如何平衡？/281

252. 私密行业发展如何？双美能否主攻私密？/282

253. 传统双美连锁计划转型直客，需要具备哪些条件？/283

254. 双美连锁，线上生美转化医美率低，如何破局？/284

255. 内渠道轻医美，如何能保持创新刺激消费？/284

256. 双美连锁，可否选择筋膜类抗衰产品，解决直客和渠道的矛盾？/285

目录

257. 传统双美转型新双美，组织内会有哪些问题？/286

258. 传统双美连锁如何实现皮肤类项目下沉生美门店？/287

259. 传统双美转型直客轻医美，如何搭建自己的竞争壁垒？/288

260. 双美型轻医美机构，门头选择"轻医美"还是"集团"适合？/289

261. 传统生美转型皮肤诊所，能否将顾客转诊开发大单？/290

262. 生美连锁转型双美，光电仪器如何选择？/290

263. 传统美业人和美业新人有什么区别？趋势如何？/292

264. 生美升级新双美，原店升级还是重选店址合适？/293

265. 20年生美连锁转型双美3年，医美业绩堪忧，如何解决？/294

266. 传统生美转型轻医美有几个阶段，重心分别是什么？/295

15

第一部分 01

战略篇

STRATEGY CHAPTER

战，是干什么；略，是不干什么。这是一个企业创始人的必备认知。

—— 勇者说

1．2024年医美行业发展趋势

从渠道医美当下所面临的市场格局来看，2024年将迎来大交替、大洗牌的局面。"大交替"一是指新品牌与老品牌的交替；二是指新顾客与老顾客的交替；三是指合法机构与不合法机构的交替。"大洗牌"就是指在这三个交替的过程中，有相当一部分老品牌、老顾客与不合法机构势必会出局。

当然也有相当一部分机构能够在交替过程中，抓住一波新的机会红利，产生新的机会红利，实现巨大的增长与成功。

在这个特殊的阶段，考验的并不是机构的业绩增长多少，而是如何能够确保自己的企业在这次大洗牌中能够保存实力、实现成功转型，在新的品牌序列中成为佼佼者。

2．医美机构的终极出路在哪里？

不同类型的医美机构，其出路也会有所不同：
① 成为百年老店

医美手艺人——医生自己开的医美机构，可以打造自己的品牌IP，将机构传承给自己的子女或徒弟，最终经营成为百年老店。但是这种类型的机构因为没有办法形成技术与运营的标准，所以只能开一家机构，而不能开成连锁，一旦盲目实现连锁化经营，就可能降低技术交付品质伤害品牌。

② IPO上市

企业IPO上市是很多老板的梦想，但是我们目前现有的6 000万家机构中，真正能实现IPO上市的企业只有6 000家，从这个比例来看，医美机构最终能够实现IPO上市的比例可谓微乎其微。

③被并购打包上市

虽然企业独立上市的概率很小，但是如果能够实现企业的科学运营与良性增长，将企业做到值钱，就有可能吸引到资本的关注，被并购打包上市。

因此，建议机构以"把企业卖掉"为目标去经营，实现合规化、数据化、智能化，沉淀企业的经营资产，就有可能被收购并购，换取丰厚的资金收益，如果经营成果非常理想，也有可能做到独立IPO上市。

3．机构规模过小，该如何改善被动的窘境？

大象很难踩死蚂蚁的。所以遇上巨大的竞争者不要慌，你只要躲得好，然后有良好的策略，一定能活下去。

小企业与大企业共存的关键秘密叫作柔道策略，是博弈论中的重要企业战略抉择之一，是指小企业在大企业的阴影下发展壮大并与之共存的时候，尤其要注意避免成为大企业的目标敌人，不要引发大企业的攻击，要确保自己对大企业没有威胁，只是开拓出自己的生存空间。

在世界范围内践行柔道策略最成功的企业是美国西南航空公司，他们通过"聚焦短程航线""提高设备利用率""简化服务"等一系列独特的经营活动，实现了在各航空业巨头经营的领域里快速发展，并在1973年就达成了市值大于其他公司之和的成功。

柔道策略的核心在于4P：

①定价策略，保持高性价比，不与行业巨头形成竞争；

②渠道策略，加大渠道密度，深耕下沉市场；

③产品策略，深度聚焦一个SKU（Stock Keeping Unit的简称，特指最小存货单位或单品），加强规模优势；

④推广策略，压缩宣传成本，把营销费用让利给消费者。

对于中小机构来说，想要在竞争中生存下去，就要把巨头不做的事情做出差异化、做出优势，形成自己独特的差异化定位。

4．渠道机构可否在每个县授权一个生美门店开轻医美诊所？

首先，生美连锁机构转型开轻医美诊所是大势所趋，所以在每个县帮助一个店家开轻医美诊所是可行的，但是并不建议授权店家使用自己的机构品牌新开轻医美诊所，因为一旦这些诊所使用了你的品牌名称，对你来说就是一个巨大的包袱，他们在经营中的任何不合规行为都会给你的品牌带来风险。

想要帮助生美门店开轻医美诊所，最好的服务是单独代劳，从批证、医生挂证、年审到耗材采购都帮他们操作。此项服务可先收取一笔合作诚意金。

这些生美诊所开业之后，只能够自营水光、皮肤护理等基础轻医美项目，有重型光电与微整项目需求的高价值顾客全部输送到自己的总院，然后在正常分成之外，根据业绩产出情况再分批返还合作诚意金。

这样机构可以将现有人员分成两支团队，一支深度下沉区县市场，配合店家产出基础业绩并发掘高价值顾客输送到总院；一支留在总院专注服务高价值顾客，并将他们发展成为自己的会员资产。一手做高端圈层、一手做深度下沉，实现机构的良性增长。

5．三四线城市渠道医美能否转型直客医美？

传统的渠道医美机构终将消失，率先消失的是那些靠37分成、28分成获取店家资源，挑起行业恶性竞争的渠道机构，他们没有合法合规经营的能力，在行业逐步合规化的今天，这样的机构将会首先被淘汰。

战略转型是传统渠道医美的必经之路，但是在转型路径的选择方面，我们需要考虑如下核心关键因素：

① 扬长避短

首先要客观分析，发现自己的优势与长板，将长板打造成为自己的护城河；了解自己的劣势与短板，在做出战略选择的时候要彻底规避自己的短板，千万不要试图去努力弥补自己的短板，因为短板是补不完的，无论如何努力都不可能变成长板。

渠道医美的长板在于服务B端店家，而短板在于直接服务C端顾客。

② 深挖本质

我们只能赚到自己认知范围内的钱。直客医美的打法不在渠道机构的认知范围内，直客那批能够把小红书攻略做得非常全面的顾客，也不是传统渠道医美团队能够服务的。

③ 深度自省

身处三四线城市，很容易被周围的环境限制自己的思维格局。在思考企业发展战略的时候，应该首先思考自己距离其他三线城市中做得最好的医美标杆企业还有多大的差距？自己是因为什么原因才没有做出标杆所取得的成就？这个差距就是做出战略的机会。

综上所述：渠道医美并不适合转型直客机构，目前行业内也几乎没有渠道医美转型直客的成功标杆，所以建议机构慎重考虑自己的基因，做出正确的战略转型路径。

6．别墅区小型渠道机构能否为了提升品牌势能换一个地址？

机构的地段、面积、装修风格升级会对业绩提升有一定的推进作用，但并非本质原因。因为对于店家和终端顾客来说，选择渠道医美机构更看重的是团队能力与技术效果。

在机构团队能力水平没有显著提升的情况下，只是换个地址、扩大经营面积，并不会给业绩带来显著的提升，反而会导致经营成本增加、业绩压力变大、利润空间变薄。

做企业就像骑自行车，只有一直快速向前才能够保持平衡。企业在业绩增长期，员工会认为做什么都是对的；企业不增长或者下滑的时候，员工认为做什么都是错的。

与其把有限的费用预算用于扩大经营面积，不如把钱花在品牌势能提升与老板个人IP打造方面，能够更快地产出业绩成果，也能够降低企业的经营风险。

7. 疫情后机构营收差，当下单品在渠道上是否有优势？

无论在渠道机构、直客机构还是轻医美机构，单品永远都有着无可替代的优势。

但是我们所说的单品并不是指解决某一个局部功能的单一品项，而是指以一个单独的品牌心智呈现出的面部整体解决方案。这样的单品和品牌是对等的，经过充分的市场验证，一个品项足以做出十几亿甚至几十亿的业绩。

很多机构感觉疫情过后单品的优势削弱了、消失了，事实上是因为过去自己并没有打造出一个与品牌对等的真正的超级单品，而是所有的品项都寄生于企业品牌之下，一旦企业品牌的品牌力下滑，品项也就失去了优势与影响力。

因此，医美机构必须要有一个整体的解决方案，并打造出等同于企业品牌的超级单品，使之具有超强的产品力，才能够在竞争中建立自己的核心壁垒。

8. 定位眼部整形的渠道医美机构，瓶颈期下如何破局？

目前全国有很多定位眼鼻整形的医美机构都陷入了业绩瓶颈，甚至出现了业绩的断崖式下滑，这是因为在新的行业发展趋势与竞争格局之下，顾客的求美需求已经发生了翻天覆地的变化，轻医美成了消费的主流。

眼鼻整形因为创伤大、恢复期长、顾客决策成本高而逐渐失去了自己的市场空间，因此眼整形项目的天花板非常低，不仅客单价的局限非常明显，大量的历史老客也因为项目复购率低而没有被开发出全生命周期价值。

有前瞻性战略眼光的眼整形机构，已经在几年前就意识到这个问题，将经营重心由眼睛转为微整，停止眼整形的外营销品项，只作为内部关联开发品项来经营，聚焦营销资源打造自己在微整抗衰方面的品牌心智，迅速实现了业绩倍增。

这个转型考验的不仅是老板的战略洞察，更是战略决心与战略定力，因为这需要整个企业走出自己的舒适圈，废掉自己过去的武功，站在市场的角度去思考未来的趋势，重新打造新时代新定义的战略级单品。

这是一件难而正确的事情，在这件事情的推行过程中肯定会遇到很多阻力与考验，企业之所以在之前的轻医美转型方面没有尝试成功，一方面是因为没有实现核心团队的高度同频，在转型过程中遇到了人为的障碍；另一方面是因为没有死磕技术交付，在轻医美抗衰品项效果呈现方面没有拿出让员工与市场有充分信心的交付方案；最重要的是老板没有足够的战略定力，遇到问题不是想办法去解决而是左右纠结、反复犹豫，错失了转型的良机。

9. 省会渠道机构在周边开了5家分院，经营较差，是该保留还是关闭？

这个问题的答案取决于企业的发展战略，因为发展战略决定了企业的业务形态。

企业战略的制定讲究的是看10年、定3年、干1年，能否制定出科学的企业战略取决于老板能不能看清楚行业未来的发展形势，并且站在行业的终局来做当下的布局，制定出企业未来三年的发展目标，然后将这个目标的1/3作为一年的发展规划，制定出指引这个目标规划的北极星指标。

目前渠道医美机构正处于行业转型阶段，转型的出路大概有三条：

①升维高端品牌医美

专注服务社会上的高净值圈层客户，这个群体对价格的敏感度不高，更注重品牌势能与服务体验，即使知道自己被渠道抽佣也愿意为了体验感和效果买单。未来越是高客单价的渠道医美才越有机会，因为只有高客单才能够支撑品质感与品牌力。

②下沉双美品项赋能商

越来越多的生美店家转型自营双美机构，但是他们在市场、咨询与医生等专业人才方面的短板无法弥补，因此很多渠道医美机构转型品项输出赋能商，合法合规地赚取劳务费用。

③转型2C做消费者品牌

极少数具备超强营销能力与线上获客能力的品牌，打造线上获客平台，转型成为2C的消费者品牌，让自己拥有获取年轻客群的能力。

这5家二三线城市的诊所要关停还是要继续经营，以什么方式来经营，取决于企业未来向哪个方向去转型，企业未来的发展终局在哪里，想清楚了战略的选择，这个问题自然也就迎刃而解了。

如果依据企业的战略决策，这些诊所决定放弃，也不建议一刀切地关停，因为这可能会影响市场对品牌势能的舆论评判。

可以选择与当地比较有实力的生美店家进行联营，将99%的股权转让给生美店家回收诊所的投资成本，只保留1%的股权做GP，以品牌管理公司的名义负责机构的运营管理，收取业绩流水的10%作为劳务成本。

一方面将诊所的房租与人员成本转嫁给生美机构，一方面保留了机构在当地的操作店，另一方面则体面退出，避免伤害品牌口碑与势能。

10. 自营中医品牌，一家直营三家加盟，直营店经营良好，是否建议进一步扩大规模？

一个新的品牌想要实现连锁化扩张，至少要经历3个验证周期：

①商业模式验证期

通过什么途径获客？门店盈利水平如何？成本管控如何？各项标准化做好之后，能达到什么经营水平……通过商业模式验证的品牌才具备进一步扩张的基础。

②人才复制验证期

建立人才复制体系、完成人才储备，自己再开拓3家直营店，验证机构是否可以不依赖于某个人的能力，而是依靠标准化的运营体系可以实现盈利。

③竞争对手差异化验证期

抢占行业窗口期、成为区域领导者，做出让C端顾客明确感知、让竞争对手望尘莫及的差异化优势，如果没有能够让顾客端明确感知的差异化，品牌就很难存活下去。

11. 机构营业额和利润做到什么程度，才能成为资本眼中值钱的企业？

资本投资一家企业或者一个项目，会进行专业而详尽的评审，而且有一套评审的底层逻辑：

①什么赛道？什么位置？

机构目前处于什么样的赛道？这个赛道当前处于什么阶段、是否具备足够的发展前景？机构在这个赛道中是否处于有足够竞争力的位置？

②有什么样的竞争壁垒？

机构聚焦于服务什么样的客群？机构的产品/服务能够帮助他们解决什么样的问题？这个问题有没有其他的解决方案？机构的解决方案优势是什么？这个方案的核心壁垒在哪里？

③市场规模如何？5年后会怎样？

行业的市场规模决定了投资增值的想象空间，按照所处行业未来5年的发展速度，资本的投资标的未来5年能够翻多少倍？

④团队配置如何？

机构的联合创始人团队具备哪方面的背景？有什么基因？擅长做哪些事情？是否有操盘过连锁机构的经验？是否有成功创业的经验？在这个板块具备什么样的核心资源？

⑤当前企业遇到的瓶颈是什么？

在目前这个发展阶段，机构遇到的最大的发展瓶颈在哪里？有没有具备解决方案？解决这个瓶颈需要花多少钱？预期解决的效果怎样？

综上所述：投资人所看重的并不是企业的营业额与利润，而是好的赛道选择、商业模式、竞争壁垒、核心团队与未来发展空间。想要经营一家值钱的企业，就必须首先练好内功，打造出自己的核心优势与竞争壁垒！

12. 三线城市头部渠道医美机构，是否建议到超一线城市入股一家新开渠道机构？

在做出这个决策之前，首先要想明白几个问题：

①自己进入一线城市的核心竞争力是什么?

越是一线城市医美行业竞争就越激烈，无论营销的套路还是折扣的内卷都已经将行业的利润压缩到极低的程度。将一线城市的经营思维转化到三线城市，可以形成降维打击；但是将三线城市的经营思维拿到一线城市，却未必能够拿到理想的结果。

因此建议在投入合作之前，对即将入驻城市的市场竞争状况进行详尽的分析，提前预知可能面临的风险并思考自己是否能够拿出行之有效的解决方案。

②新院开起来之后，对老院到底有多大价值?

通过在一线城市开新院来提升三线城市老院的品牌势能，其实是个理想主义的内向思维。因为连锁是做给C端看的，而不是做给B端看到，三线城市的顾客并不会将你在一线城市有医院作为选择在你家消费的理由。在医美行业也有过几家在自己的城市经营非常不错的头部渠道医美跨省开连锁之后，经营惨淡草草收场。

③自己将精力投入新院之后，会对老院业绩造成多大影响?

在一线城市与人合股开新院，最大的成本并不是资金投入而是老板的精力。一家新机构的起盘是比老机构运营更加耗费精力的事情。一旦新机构开起来，不但老板本人要投入大量的精力，还极有可能从老院抽调优秀人才支持新院，这势必会对老院的业绩造成一定的影响，这个影响是否是老板可以接受的？

如果思考完这三个问题之后依然坚持要做这件事情，建议在启动之前先做一个商业计划书，按照总裁班的课程逻辑去梳理，想清楚战略的起点与战略的终点，拆解出战略的执行路径，梳理清楚之后依然觉得可行再去启动也不迟。

13．如何看待未来十年医美行业的发展？

商业模式之间的逻辑是相通的，十年后的医美行业竞争格局与经营模式我们可以参考今天的餐饮行业。十年前的餐饮行业与今天的医美行业一样处于非标准化的阶段，而今天的餐饮行业已经形成五大泾渭分明的经营业态：

①第一类：高端餐饮

比如米其林推荐餐厅、黑珍珠餐厅等，顾客在这里吃的不是饭，而是场景、服务、身份、地段、体验等附加价值，这类餐厅首先要满足的是高端的品质与服务。

②第二类：连锁快餐

麦当劳、肯德基、老娘舅、老乡鸡等全国连锁的快餐品牌，产品标准化、流程标准化，注重高性价比。

③第三类：品类连锁

小厨娘、海底捞、巴奴火锅等，专注一个品类，形成鲜明的心智，抓住一部分精准客群的需求，做成品类的代表，形成全国性质的连锁。

④第四类：家族店/夫妻店

厨师、收银、采购都是自己人，产品不标准，但是口味稳定，有一批忠诚度高、复购率高的粉丝顾客，虽然经营规模难以扩张，但是经营状况良好，并且有成为百年老店的潜质。

⑤第五类：区域老字号

有一定名望背书的厨师作为创始人或者合伙人，成为某一口味的代表，例如北京的"全聚德烤鸭"、长沙的"费大厨辣椒炒肉"，开不了全国连锁但是有机会成为区域头部机构。

未来十年医美行业也会分化出高端品质医美、社区连锁小店、品类医美、医生合伙人、区域头部医美等多种业态，每一种都有自己的生存之道。

建议医美老板从现在开始就要考虑自己企业未来的出路在哪里，并以终为始从现在就开始为着这个目标去努力。

14. 想要打造一个自己的械字号产品品牌，需要做哪些努力？

① 清晰的战略定位

想要打造一个全新的产品品牌，首先要找准自己的战略对标，想清楚自己的战略：是进攻战、侧翼战还是游击战？如果这个领域已经有了绝对的头部品牌，选择进攻战需要非常雄厚的实力与资本投入；如果选择侧翼战则需要在现有的市场竞争中找到空白地带；如果选择游击战则需要做到总成本领先。

② 靠谱的产品品质

无论选择什么战都需要严把产品质量关，因为一个产品有没有未来取决于它是否代表了这个行业先进的生产力，能够为顾客带来真正的效果与价值。所以从产品配方、生产工艺到应用技术都必须做到最佳品质，才有机会在竞争中占据一席之地。

③ 充裕的资金准备

在医美产品日益同质化的今天，很多产品的功能都有类似的重叠之处，想要在竞争中杀出重围，在营销与推广方面的投资就必不可少。因此想要打造出自己的品牌，必须准备充裕的资金。

④完善的信任背书

一个全新的产品想要得到市场的认可，需要在信任背书板块做足功夫，包括但不限于：有竞争力的临床实践数据、业内权威专家的推荐证言、名人/明星的体验推荐、权威平台的宣传推广、核心期刊的论文发表等。

15．透明医美适合新起盘机构吗？

公开、透明是社会发展的必然需求，因此具备以下特征的"透明医美模式"在未来将广受顾客欢迎与市场信赖：

①诊断设计透明互动

悉心聆听求美者需求，以满足求美者容貌改善为目的，杜绝单纯的项目推销，为顾客构建至少三种求美方案，每种方案包括治疗项目的原理、方法、疗程/次数、治疗医生、药品/材料/设备详情等，站在专业角度为顾客客观模拟并讲解各种方案的术后预期效果。

②医疗流程透明标准

资质透明：机构的合法医疗资质及所有医护人员资质、材料资质、仪器设备资质均对消费者透明开放备查。

流程透明：求美者从第一次治疗开始，便会得到一张治疗细节流程表，通过流程表，与您再次确认治疗项目、部位、疗程次数、本次治疗大约所需耗时、所用的仪器、设备及术后注意事项和日常护理规范等。

档案透明：为每位顾客建立全程纸质及电子档案，术前术后拍摄影像资料、手术室内治疗全程标清摄像记录、保密存档，以备消费者必要时调取本人档案查询。

③优质实价透明规范

对顾客公开材料进货价与采购单据，将顾客的支付价格拆分为材料费、注射费、辅材费等，让顾客清楚明白：自己的每一分钱都花在了实处。

"透明医美模式"未来将成为医美行业发展的大趋势，但是背后没有雄厚资本的企业不建议新起盘"透明医美"机构，理由：

①没有品牌力，顾客不信任

透明医美的模式是为了让顾客建立充分的信任，进而才会持续选择在这家机构进行消费。但这种信任度的建立仅有模式与制度是不够的，没有足够的品牌宣传与营销支持，难以在短期内建立品牌心智、提升品牌力，很难让顾客建立信任。

②新机构没有能力整合供应链

医美机构做到价格公开透明不是本事，公开透明之后机构还有利润才是真正的考验，新机构背后没有强大的供应链支持，没有整合资源的能力。做不到总成本领先又坚持公开透明的机构，很难产生经营利润，生存都会成为难题。

16．体量1E左右的传统直客机构，另有三家商场诊所，经营欠佳，该怎么办？

经营品牌就是占领顾客的心智，通过认知性营销，将品牌核心价值植入到消费者心智中。因此1＋3的连锁机构建议采用同一个品牌，如果不是同一个品牌就失去了连锁化经营的意义。

机构目前所面临的问题，其根源并不在品牌名称，而是在经营定位、品项体系等方面存在的问题，导致不同的团队为了自己的生存而内卷内耗。

想要解决这个问题，就必须4家机构采用同一个班子、制定科学的价格体系，为了同一个业绩目标而努力，这样才能够提升团队的向心力与执行力。

在商圈诊所开业初期，可以制定远低于旗舰院的价格，并通过流量分发制度、员工绩效杠杆等实现资源倾斜，首先解决其生存问题；待生存问题解决之后，才能够与旗舰院采用同一套价格体系。

17．品牌已注册多年，不利于传播，是否应该改名？

根据传播学原理，品牌命名需要遵循几大原则：易记、易读、易写、利于传播。

一个名字如果不上口，不容易记，往往就要花上几十倍的广告力度才能达到让别人记得住的效果，虽然名字不是唯一的使产品做好的依据，但是这是一个重要的核心环节，凡是做得好的品牌或产品，大多数名字取得不错。

好的名字带来的效果＝所付出的努力×2

如果品牌名称确实存在记忆与传播方面的硬伤，建议还是更名。商业领域确实也有很多品牌更名的成功案例，比如发源于安徽合肥的餐饮品牌"肥西老母鸡"为了走向全国而更名为"老乡鸡"；没有特色与记忆点的"科发源植发"更名为"大麦微针植发"之后，品牌价值显著提升。

18. 县级市新开直客机构，可以通过哪些宣传渠道提升品牌力？

新创建的机构是没有品牌的，因为品牌不是一日之功，而是至少5年后的事情。也就是说正确的行为要坚持5年，才能够逐步成为顾客心目中的品牌。

想要建设一家区域头部品牌有几个核心路径：

① 选址占据制高点

当顾客还没有对一个品牌建立认知的时候，通常会依据品牌出现的位置来判断该品牌的段位，对于医美机构来说机构开在哪里、牌子立在哪里，决定了这个品牌在顾客心目中的档次。

想要在县级市占据头部医美机构的心智，不仅要选择当地排名第一的商圈、寸土寸金的位置，借助商圈的地位来提升品牌的心智；还需要在当地顾客心目中地位最高的广告位投放广告，占据最好的位置才能树立最高的心智。

② 占据媒体的入口

顾客想要了解一个医美品牌，往往习惯到美团平台去搜索，因此要牢固占据美团这个入口：店铺装修建设要能够代表当地最高的审美水平、美团的好评率要做到最高、店铺一定要置顶。

除了美团之外，抖音的同城也要去开通，如果有能力去报白那就报白，不行的话就先用一个美容院的牌照，先把这个店铺也搭起来，占据更多的流量入口。

③ 做好会员管理

将所有流量入口来的顾客都转化为会员，为会员提供与非会员不同的价格、服务与权益，锁定会员的持续消费，做好会员口碑与会员裂变。

19．凛冬将至，医美机构要如何过冬？

在各种不确定性因素的叠加下，无论是企业还是个人，都在经历前所未有的变局。像谷歌、脸书等商业巨头现在的处境也越来越艰难了，全球经济增长疲软，这对所有企业而言，都是一次极限压力的测试。

面对寒气，我们医美机构不能寄希望于救命稻草的出现，只有把底子打得深了，找到穿越周期的方法，才能走得更远。

谋定而后动，建议医美机构必须要练好3项基本功：

①集中战略资源，做好学科建设

一定要力出一孔、舍九取一，拒绝在非战略方向上投入和消耗战略性资源。机构做好学科建设，从长久来看，有助于医疗队伍的建设，学科带头人可以招收进修医生，形成学科氛围，不仅能培养医生梯队、稳定医生团队，也有助于顾客的差异化需求；从短期来看，对完善医疗制度起到关键性作用，提高医疗质量，并防患于未然，因为无论医美发展到什么程度，"医"永远是基石，是构筑机构核心竞争力的必经之路。

②利用视频技术，做好内容营销

传统的营销时代已经过去了！正如微信之父张小龙所说："视频内容将成为未来10年内容的主体，视频化的表达方式将成为未来趋势。"因为视频不仅能带来更生动、更直接、更好理解的视觉和听觉体验，还有场景和社交属性的加持，医美机构通过短视频的内容呈现，让品牌拉近与顾客的距离，更容易在顾客心中留下品牌印象。

③升级信息系统，做好数字建设

今天医美机构的成本很高，这其实是机构整体运营效率低下的体现，虽然都是通过互联网工具获客和工作的，但只是通过获取来的数据，做简单的交易行为分析（比如：客户买了什么产品、多少数量、关联哪些项目……），而如果这些数据有严重的滞后性，无法准确、及时地体现客户真实想法和需求，就很难跟客户建立交互和连接。做好数字化建设，首先要将自己的业务进行线上化，并记录分析客户的行为习惯，通过数据分析客户的消费习惯和消费能力，找到客户的需求点，借助互联网工具高频率地连接客户，进而实现"有的放矢"，促进顾客的转化与复购。

冬天来了，春天不会遥远，医美是长期主义者的事业，眼前的行业低谷，正是我们整理过往的好机会，坚持长期主义，修炼好内功，才是面对当下寒冬的最优解。

20. 区域头部生美连锁机构，医美与生美业绩为1∶4，利润1∶1，该如何规划未来发展？

制定企业战略的一个重要核心是"以终为始"，当下就需要思考清楚，品牌十年之后的心智是什么？企业十年之后的发展愿景是什么？这个愿景是否符合行业发展的趋势？

当下的行业局势是：生美行业大势已去、轻医美风生水起，从机构自身的业绩和利润构成也能够看出来，生美经营一年，可能只有最后一个月是利润，前面11个月做的业绩都是成本，而医美的利润率则四倍于生美行业。

因此建议大家把主要精力放在医美上，生美的业绩只要维持稳定即可。当医美的业绩能够以每年50%～100%的比例增长之后，现有的生美门店就可以逐步转型去做轻医美，通过3～5年的时间把所有的生美门店全部转型为轻医美连锁门店，现有的医美机构作为轻医美连锁的旗舰店，形成"1+N"的战略模式。

为了实现这个战略目标，企业当下就需要做几个方面的准备：

①停掉生美面护项目

在很多已经转型做轻医美的生美机构，面部护理项目的业绩贡献已经微乎其微了，很多四五十家店的生美连锁，面部护理项目的总业绩也就300万-500万元之间，利润更是可以忽略。

这是因为生美面部护理项目能够产生的业绩与效果都非常有限，目前再好的生美项目效果都不可能替代轻医美。

②做强身体护理项目

现有生美门店的身体项目都是可以保留的，因为这是顾客的刚需项目，女性35岁之后是需要做身体养护的，但是这些需求通过医美是没有办法满足的。而且这类项目存在于轻医美中，可以锁定一批注重服务体验感的高端顾客。

③注册一店双证

除了旗舰店医美以外，生美转型的社区轻医美建议一楼做轻医美的注射、光电皮肤，二楼做身体SPA，如果当地政策允许，可以注册一店双证，按照不同楼层或者区域来注册即可。

④健全医生团队

旗舰店可以安排一位大专家，社区轻医美小医生即可，可以提前招聘一批优秀的医助进行培养，考证后即可成为社区店的注册医生。

⑤建立医美咨询团队

每一个生美店长与顾问现在就要开始学习医美专业知识，具备医美项目的咨询成交能力，逐步转型为医美咨询师。

21. 品牌在省会城市已有五家，第六家准备定位为高端顾客服务，可否实现？

在顾客心智与常规语境中，VIP中心指机构中某一特定服务VIP顾客的区域与部门，而不是单独的门店，就像酒店的行政层、机场的商务贵宾厅一样，是隶属于该酒店或机场的。

因此，作为定位于服务更高端顾客的新开门店，更建议叫作"××品牌臻选店"，而不是叫作"××VIP中心"，会更符合顾客的认知。

比如我们周围的淮扬菜餐厅"小厨娘"，在相隔300米的范围内就有2家门店，分别叫作"小厨娘精品店""小厨娘臻选店"，臻选店的环境装修、菜品选择、服务水平都明显高于精品店，菜品价格也高出50%左右。

通过这样的差异化定位，小厨娘成功完成了顾客消费力与消费场景的区隔，一般顾客到精品店，高端顾客到臻选店；家庭聚餐到精品店，商务宴请到臻选店。

因此，建议新店定位于"臻选店"而不是"VIP中心"，不仅商圈区域、环境装修要高于现有门店，在医生配置、品项设置、整体服务等方面都要有显著的差异化。

22. 渠道医美的趋势：一是上游服务商；一是会员体系，能否并轨？

上游服务商是B2B，会员制是B2B2C，二者很难并轨，要么把B2B做到极致，要么把B2B2C做到极致。

如果"先做B2C，再做B2B"这是个伪命题，要么给自己培养竞争对手，要么自己的精英人才会被挖角。

比如上海的MS生美连锁，之前是一家优秀的B2C连锁机构，在行业内享有非常高的知名度，后来做了战略调整，开展了面向生美机构的B2B赋能培训，结果短期内三分之一的人才都被客户挖走了，B2C的业绩也出现了严重下滑。

因此，一个企业最好不要做两种并存的商业模式，这方面成功的案例非常少。如果一定要做两种不同的商业模式，也必须先把一个做成功之后再做第二个，如果没有把其中一个做成绝对的第一名，就不要开始第二个，否则基本以失败告终。

23．医美行业经营困难，产品自有化有没有可能成为医美机构的第二增长曲线？

当下我国医美产业的利润主要集中在上游，因此很多资本的关注点主要集中在上游产品供应商，包括很多医美机构也已经开始向上游延伸。

早些时候华韩股份旗下的四川某医疗美容医院，上线了一款名为"ARSMO（阿斯慕）"的单相交联玻尿酸；朗姿股份旗下和长沙的一些医美机构也先后推出名为"芙妮薇"的玻尿酸，而联合丽格集团也推出了一名为"新肤源胶原水光"的新产品。

这三款产品，其实都是由医美集团与国产上游厂商合作推出的，厂商负责生产，专供合作的医美机构，相当于医美机构推出的自主产品。

这么做的好处就是：不仅能帮上游厂商省去大量的推广和销售环节、创造业绩增长，而且能够帮助机构节省大量材料成本，带来新的业务增长点。

所以，无论是 OEM 也好、代理也好，机构拥有自己的产品，或将是未来的一个趋势。

当医美机构的产品选择范围越来越多时，不仅能倒逼上游调整与改善自己的利润结构、运营策略，同时也能给医生更多的选择空间，不至于被产品牵着鼻子走。

不过我们也都清楚，推出产品容易、做好产品却很难。作为后来者，很多医美机构既没有品牌影响力，又没有已验证的功效和口碑。那么，医美机构推出自营产品的核心优势在哪里呢？其实就4个字：离顾客近。

因为离得近，机构可以更快速的洞察顾客的需求变化；因为离得近，机构给到顾客的交付环节就更短，顾客的支付成本就会变得更低，而这就是机构核心优势所在。

24. 中小企业员工对企业使命、愿景、价值观无感，甚至软抵抗，建议如何同频？

出现这种问题的原因在于：

①企业战略不是团队共创出来的，而是老板一个人制定出来的，团队没有充分的认知；

②很多企业的战略口号太抽象、太空洞，只有战略目标而缺乏具体战略路径，没有人知道如何去实现；

③使命不够燃、愿景不够信，战略制定之后只是挂在墙上做装饰，没有融入日常工作中，感召团队去努力实现。

想要从根本上解决这个问题，需要从以下几个方向去努力：

①依据科学的逻辑来选择企业发展的赛道机会，找到机构存在的使命召唤，以及短期、中期、远期愿景规划，让团队明确企业发展方向；

②在良性增长思路的指引下，完成从战略布局到战略设定的拆解，让全员理解战略的实现路径；

③将战略融入机构的日常经营之中，每天、每月、每年地强化认知、考核、践行，充分发挥战略的真正价值；

④当企业战略与短期业绩目标发生矛盾的时候，老板要在"当下赚钱"与"未来值钱"之间去做选择，做长期主义者，选择正确的事情。

一个基于行业竞争格局、建立客观自我认知、得到团队高度认同的企业战略，才能够为企业指引清晰的发展方向，形成团队的核心凝聚力。

25．集团公司在渠道医美和大健康中纠结，该如何选择？

对于具备较强经济实力与抗风险能力的集团公司来说，当下做什么业务能挣钱并不是最重要的，重要的是十年后什么业务将会更值钱。

医美与大健康其实并不是一个行业，只是因为当下的渠道医美机构大多通过大健康项目来深挖顾客价值，所以在大众认知中感觉大健康是医美行业中的一个细分品类。

以长期主义者的眼光去思考问题，受顾客结构、销售路径、行业监管等多方面因素影响，十年后绝大多数渠道医美会消失。

受到多重因素影响，人口老龄化程度加快、疫情刺激国民健康意识提升、新技术新项目层出不穷、国家政策支持，等等，大健康产业的发展趋势将会如日中天、前景无限。

做渠道医美，收获的只会是眼前的现金流，而做大健康则会让企业的未来更值钱。

因此如果在渠道医美和大健康之间作取舍，建议将企业的精力放在大健康上。

26．随着医美行业越来越透明，以后会不会陷入价格战，应该怎样应对？

2022年，广州市市场监督管理总局多措并举，严厉打击和治理医疗虚假广告、价格违法行为等行业乱象，医美价格透明化成为不可逆转的行业趋势。

在这种趋势下，医美机构选择消极逃避不是长久之计，只有顺势而为拥抱变化，才能够实现机构的良性发展。

从短期来看，价格透明化确实会给机构带来一些麻烦：一方面违反政策可能会面临高额的罚款；另一方顾客感受到在价格方面受到了欺诈可能会到口碑平台给差评，这些都会让企业的经营感觉到极度的不适应。

但是，从长远角度与更大的格局来思考，价格透明化不是医美行业的黑天鹅，而是行业健康发展的希望之光。

行业的管控越不成熟，越是存在劣币驱逐良币的可能性，各种行业乱象会让合规经营的机构失去优势。而对于优秀的长期主义者来说，行业正规化、价格透明化、经营合规化，只会倒逼机构的经营与服务水平不断提升，进而提升企业的竞争力。

今后的医美机构如果不能面向社会大众客，那就只能消耗存量顾客，而这样的机构是没有明天的。

27. 传统双美连锁机构，计划开50-199家皮肤社区为机构送客，是否可行？

"双美"其实是美业渠道医美进化过程的一个分支产物，严格意义上讲"双美"只是个行业内部称语，其实它还是"渠道医美"，因为连锁美容院是自己的，所以就构成了"N家生美店＋1家医美"的生态布局；虽然团队背后是同一个老板，面向同一个顾客，但品牌是独立的，和渠道医美一样是内部业绩分成合作，只是不对外合作而已。

"双美"本身就是个伪模式，通过生美养客输送给医美机构已经遇到了难以突破的瓶颈：随着生美主力消费客群的年龄增长、消费习惯改变、家庭结构改变，以及信息的日趋透明等客观因素，老客逐渐退出生美消费已成为时代发展的必然，而新的Z世代是不来传统美容院的，她们拥抱的主流是轻医美，轻医美的发展速度越快，美容院就越会被加速淘汰。

在这种发展趋势下，计划大量新开皮肤社区店来解决医美顾客的流量问题，无异于"为一杯牛奶而养了一头奶牛"！

对于当下经营困难的双美渠道医美来说，当下最重要的事情是基于现有的资源，寻求一条合法合规的长期盈利路径，建议如下：

① 社区店拿美容皮肤科诊所资质

现有生美社区店申请美容皮肤科诊所资质，停掉外部的医美合作，砍掉面部护理类生美项目，保留SPA类身体养护品项，以一店双证的模式打通生美与医美品项体系，培养顾客的医美消费习惯。

② 自建团队获取直客

自建团队自营医美，成立自媒体营销团队，通过美团、小红书、直播等获客路径，面向社会大众获取医美直客，让医美机构可以通过大众直客获得独立盈利能力。

③打造轻医美旗舰店

医美机构聚焦轻医美，主营皮肤＋微整，构建完善的品项矩阵，打造环境高端、技术精湛、审美卓越、服务周到的轻医美旗舰店，锁定高端顾客的消费需求。

④布局轻医美连锁

将第一家店做出价值，跑通商业模式与盈利模式后快速复制，形成轻医美连锁格局。

28. 新一线头部渠道医美机构，经营困难，是否必须转型？

纵观全球医美行业发展，美业渠道医美算是中国医美行业独有的一个特殊产物，至今已有近20年的历史。如果以经济周期的四阶段来衡量，今天的渠道医美已过繁荣期、进入衰退期，并且即将迎来的是日益萧条，而且没有复苏的可能。

很多渠道医美机构在规划转型路径的时候，首选直客机构，这其实是个错误。因为渠道医美的老板与核心团队往往都是2B的基因，没有直接服务C端顾客的经验。她们每天想的都是怎么拓店拓客，最擅长的是用什么机制套住店家，用这样的经营思路去直接服务直客，往往很难在市场竞争中获胜。

对于头部渠道医美机构来说，真正的未来是往上游走，做轻医美的品项运营服务商，帮助具备一定经营体量的美容院开设轻医美门店，提供品项、卖手与医生技术服务，收取服务费。

长期以来，渠道医美机构对于生美自己开医美都是持限制打压的态度，但行业发展的趋势是拦不住的，顺势而为才能够获取这一波红利。建议把目前服务的生美门店分为ABC三类，赋能超A类与A类门店自营轻医美机构。

每个生美大店的老板娘都有一个开医美的梦想，但是可能会遇到各种问题，比如不知道怎样去批证照、上系统、选址装修等，因此渠道医美机构可以帮助她们完成这些工作，让她们把医美开起来。这项服务可以收取一定的费用，也可以不收费但是提出附加条件，比如保证完成多少金额的业绩产出。

轻医美诊所开起来之后，老板娘只是拥有了一个合法的操作场地而已，如何运营管理、如何咨询成交、如何交付品项，而这些正是渠道医美机构所擅长的。

作为上游赋能商，渠道医美不仅能够为这些轻医美诊所提供运营管理、赋能培训等服务，还能够以下沉操作会的形式提供活动策略、咨询成交与品项交付服务，收取一定比例的服务费并开具服务费发票。

这种赋能模式不仅能够让渠道医美机构将经营成本转嫁给生美店家，自己实现轻资产运营，而且能够规避税收风险，实现合法经营。

29．辐射全国市场的私密渠道，想联合代理在重要城市开设私密医院，是否可行？

① 初心剖析

在做任何事情之前，我们都需要先想清楚自己的初心，做这件事情的目的是什么，想要解决什么问题？

A.实现经营本土化，能够为顾客提供深度服务；

B. 便于与当地其他私密机构抢夺私密顾客；

C. 提升对顾客的售后维护服务水平，提升顾客黏性。

②问题预测

假设按照该计划，和代理商合伙把整形医院开了，可能会遇到哪些问题？

A. 私密医院可复制度低。

一旦在多个城市开设医院，现有团队的运营能力短板就会暴露出来，如果业务模式维持现有状态，那么无形之中会增加巨大的成本，多做出来的业绩可能变成了机构的成本，而不是利润。

B. 私密的顾客循环度低、转化率低。

同一个代理商或店家能够贡献的优质顾客数量有限，操作完私密项目之后，短期内再次复购同属性项目的可能性不高，漏斗转化率低、顾客复购率低。如果顾客难以循环起来，在当地开设医院的价值就不大。

C. 和代理商的磨合周期长。

医院开起来之后，机构与代理商的关系就由原来简单的利益输送关系转变成合伙赚钱关系，大家在经营理念、价值观等方面的差异会逐渐暴露出来，需要较长的时间周期来磨合，甚至最终分道扬镳。

D. 运营成本大大增加。

一个医院最小的成本是投资的成本，而最大的成本是运营的成本。机构原本采用轻资产运营模式，如果和代理商合伙开医院，一下子就变成了重资产运营，在现在经济下行、顾客消费力下降等诸多因素影响下，不太适合去做重资产的投资。

综上所述，建议重新考虑是否要重资产运营、在当地开设医院。为了解决代理商提出来的服务深度与顾客黏性等问题，建议考虑转型私密机构的上游品项供应商和赋能商，具体思路如下：

①依据现有业务流程与品项体系，制定一套完整的标准化的体系；

②鼓励代理商在当地开设具备自己特色的品牌私密医院，可以适当提供证照审批、医生注册、选址装修等赋能服务，并收取一定的服务费用或合作保证金；

③机构自己从原有的私密品项技术输出，转型到私密医院标准化体系输出，为机构提供市场赋能、咨询成交与医技交付等服务，并收取服务费用，开具服务费发票。

这样就能够在保持轻资产运营的前提下，降低机构的经营风险，同时规避财税风险。

30. 转型私密上游赋能商的远期价值在哪？利润空间如何规划？

从现有的私密渠道医美机构，转型私密上游供应商与服务商，从远期来看不仅能够获取可观的服务费收益，而且可以将服务价值延伸到私密产品与私密医生集团等。

私密上游赋能商的利润空间主要分为三个板块：

①赋能服务费

帮助机构解决证照审批、医生注册、选址装修等赋能服务，并收取一定的服务费用或合作保证金。

②业绩分润抽佣

赋能商为机构提供市场赋能、咨询成交与医技交付等服务，并依据合作的业绩产出向机构收取服务费用，开具服务费发票，具体的抽佣比例依据服务内容由双方协商决定。

③技术输出培训

对于顾客资源较为薄弱，医生下沉操作难以保障业绩产出的机构可以输出技术培训，帮助机构培养医生操作基础类项目，将尖端顾客与大项目顾客输送到总院进行操作。

31. 新一线城市生美连锁，有三家皮肤科诊所资质，未来做渠道还是直客合适？

企业今天的样子是3～5年前的战略决定的，而企业未来十年将要发展成什么样，是今天的战略决策决定的。所谓战略不是你今天决定未来要做什么，而是今天做什么才能拥有未来。

所以未来是做内渠道还是做直客，需要思考的不是眼下的意愿，而是十年后企业要发展成什么样子。这种思考要基于几个方面的考虑：

①顾客的消费理由

很多企业思考发展战略的时候都容易内向思维，首先考虑把自己的客户需求消耗掉，却忽略了一个关键问题：客户为什么要选择你的机构呢？顾客选择你的理由是什么？只要内渠顾客选择你的理由是充分的，那么社会大众顾客选择你的理由也是成立的。

②顾客的消费分级

不同消费层级的顾客有着不同的消费关注点，高端顾客在意服务与体验感、中端顾客在意性价比，低端顾客在意超低价。

因此在思考机构的发展方向之前，建议首先对生美体系的现有顾客群体消费层级进行客观盘点，依据顾客的消费层级明确发展方向。

基于机构提供的客群基础信息，建议机构未来的业态是面向社会大众的轻医美连锁＋高端生美会所店的组合。

32．双美机构同时经营一家中医馆，建议未来转型中医馆还是皮肤科？

首先，中医馆的客人是转化不了医美消费的。

生美顾客能够转化到医美，因为顾客的初心就是解决与颜值相关的问题，医美的治疗手段是生美项目的延续，解决了生美品项解决不了的问题，而中医馆的顾客更在意的是健康养生。此外，美容院的顾客关系是消费与服务的关系，中医馆的关系则是医生与患者的关系。消费需求与客情关系不同，决定了顾客很难从中医馆转化到医美消费。

传统美容院的现状是老龄顾客在陆续退场，而且未来不会有年轻的顾客群体补充进来，行业的萎缩是时代发展的必然。从企业的长远发展来考虑，中医和轻医美都是风口。

作为一个老板，一定要去拥抱自己更容易进入的赛道。

如果生美老板没有中医方面的基因，更建议转型皮肤科。因为皮肤科品项不仅具备刚需、高频、可持续性、容易转化医美的特点，而且更容易转化微整类项目的消费需求，更重要的是皮肤类项目和生美一样能够让顾客每年产生持续消费，让企业实现良性增长。

33. 生美上游厂商，想要打造医美供应链，有哪些建议？

首先我们可以将医美供应链的业务分为几个板块，然后再分别给出建议：

①材料板块

不看好——玻尿酸等已经过了窗口期的产品，不建议做。

看好——童颜针（长春圣博玛）和胶原蛋白（台湾双美）、水光针耗材（械三，即三类医疗器械），目前还处于市场增长期，现在做还有一定的机会红利。

②设备板块

不看好——光子、射频类、治疗类设备，个人认为研发门槛较高，一台仪器炒作2年就过时了，如果不能持续迭代价值不大。

看好—— 未来智能家居类产品，如家庭版的热玛吉与超声刀，三四千元在家就可以打完变美，市场前景很大。另外这种设备的使用前提是需要下载APP 把皮肤情况参数系数输入进去。设备的盈利是一方面，更重要的可以通过APP持续推送维养产品的推荐信息，持续触达并持久锁定精准的目标客群。

关于智能家居类产品的投资生产，有几个方面的建议：

①投资成熟的技术成果

首先要找到核心的技术专家，如所在省份甚至全国一流医科院校的专家，找到匹配的技术成果进行转化。不建议从头开始建研发团队，等研发出来项目，窗口期可能已经过了，建议找已经完成的技术成果进行投资，直接生产后投入市场验证。

②准备充足的成本预算

产品报批械三（第三类医疗器械）前，大概需要500万元可完成前期的生产验证，成果扩大后需要追加1 000万元~3 000万元用于拿地、建生产车间等。

③做好股权投资分配

合作开始前建议与技术所有方谈好股权分配，不建议全资购买成果或者控股，否则技术所有方可能会对后续的生产推进甩手不管，做持股1/3以上的大股东即可。

34．规划上市的医美产业集团，计划拿3 000亩建一个产业基地，什么时候启动合适？

这个项目如果上市前开始，就是拿自己的钱去做，一旦项目启动企业就陷入了重资产运营，对企业的资金链和抗风险能力是一个严峻的考验。这个项目无论是否放入到上市主体中，都会给集团公司的盈利能力与资金压力带来一定的影响，可能会延缓集团的上市进程。

而项目建设过程中一旦现金流紧缺项目暂停，前期投入的资金和精力就白费了，半成品的烂尾项目如果想要再转手出售，或者售卖股权给投资人也是不值钱的。

如果集团现在聚焦主营业务加速上市进程，待上市之后再去启动基地项目，就是用股民的钱来做。一方面可以通过上市融资来解决项目资金的问题，另一方面也可以拿上市公司的股权做质押，通过银行授信拿到资金。企业在资金充足的前提下去启动基地项目，不仅压力更小，而且能够增加上市公司的不动产，提升企业的势能与股民的信心。

35. 对标韩国医美发展史，中国生美发展前景如何？

韩国没有生美的原因是医美起步早，轻医美的皮肤做得很棒，顾客在皮肤养护方面的需求都通过医美类的皮肤项目解决了。

而中国则是生美起步早，医美皮肤类项目是近几年才开始火爆。从顾客的消费需求变迁与行业的发展趋势来看，生美面护类项目会逐步被轻医美所取代，而SPA类的生美养护项目还拥有较长的生命周期。

对于注重生活品质的高净值阶层女性来说，35岁之后通过SPA类项目进行身体保养是她们的刚需，一方面是功能性需求，另一方面是身心放松的心理需求，这是医美项目短期内无法替代的。

中国未来的生活美容连锁将会演化出"轻医美＋SPA"的模式，就像我们现在的一些美容美体店，一楼是美发，二楼是美容，未来生美转型的轻医美应该是一楼做轻医美解决皮肤需求，二楼做SPA解决高端顾客的身体问题，轻医美做拓客引流，SPA做顾客留存，最终实现业绩的良性循环。

36. 医美机构是否能渠道、直客一起做？

老板与团队擅长什么就决定了机构能做什么、不能做什么，任何一个不尊重自身客观条件的经营战略最终都很难取得满意的成果。

目前全国有不少医美机构既做渠道又做直客，但是这其中并没有哪些机构做得非常成功，原因在于客群定位与营销通路不够聚焦，将有限的资源分布于不同的领域，最终哪个板块都没有能够击穿市场。

所谓"战略"，"战"是指做什么，"略"是指不做什么，知道自己能做什么很重要，但更重要的是知道自己不能做什么，所以我们常说战略就是"舍九取一"，找准自己的定位，选定目标市场与精准客群，匹配适合的定价策略与营销渠道，才能够击穿市场。

37．因为情怀开设一家新机构，但没有盈利，是否该关停？

很多企业有了一定的资金积累之后都喜欢扩张自己的经营规模：有些是扩大经营范围，涉足了自己不擅长的领域；有些是扩大了经营区域，盲目开连锁。最终的结果都是为自己的情怀买单，让企业的战略变得不够聚焦，甚至陷入困境。

真正的连锁是做给C端看的，而不是做给B端看的，更不是为了满足自己情怀的，行业内知道你拥有了三家五家机构没有价值，真正有价值的是让同一批顾客在不同的地方看到了你的机构，认知到这是一家连锁机构，进而对机构的实力建立信任。

相距上千公里的分院，意味着与总院处在不同的市场竞争环境中，从多个视角来分析，都相当于是重新起盘：

内部团队——如果从分院所在城市全部重新招聘将会是一个漫长的过程，因此很多机构会选择从总院调配人手，而且必须是优秀人才，才能够顶得住新院开业的压力，但是这样势必会影响总院的业绩。

外部顾客——不同的区域意味着不同的顾客群体、消费需求与消费习惯，对于标准化程度本就不高的医美行业来说，意味着品项设置、营销方式与业务流程都要发生很大的变化。

外部资源——机构到一个陌生的城市，无论证照审批、招聘渠道、营销通路，还是获客路径等外部资源都会面临新的考验，在老板与核心团队的精力无法大量投入的情况下，资源的获取更是难上加难。

因此，第一，十分不建议医美机构跨城市开"连而不锁"的分支机构；第二，对于已经开了但是经营情况不佳的分支机构，建议抓紧时间关停或转手，避免更大的损失。

38．县级市适合开渠道医美机构吗？

渠道医美的属性与奢侈品高度相似：
①客单价高；
②消费频次低；
③服务高端顾客，需要环境服务等方面的溢价空间。

这些属性决定了渠道医美顾客有明显的"上带客"属性，县级市顾客至少要到地级市消费、地级市顾客到省会城市消费、省会顾客到北上广深消费。

而且渠道医美机构是依赖信息不透明生存的，县级市的人口有限、信息透明，通过几个人就能够找到机构，没有生美店家带客消费的生存环境。

县级市的顾客即使能够留在当地消费，一个县级市的高端客群基数也不足以养活一家渠道医美机构，而其他县级市的顾客与地级市的顾客是很难带到县级市消费。

依据当下的市场竞争环境与医美行业的发展趋势，不建议新开渠道医美机构，如果一定要开的话，也建议选择北上广深、省会城市或者对周边城市有较强辐射能力的副省级中心城市。

39．大健康机构选址，是选交通便利的，还是选择税收优惠但偏远的新区？

首先对比一下两个选址方案的优劣势：

对比	市中心	新区
优势	·直客上门方便 ·人才招聘容易	·风景好，房租低 ·有税收利好政策
劣势	·房租贵、税收高 ·环境喧闹，体验感受影响	·体检\团单上门难，服务成本高 ·高管\医生招聘难

然后分析一下几个核心关键要素的重要性：
①人才的招聘

通勤时间是一件非常影响高管幸福感的事情，也是高管选择工作时的重要考量要素，如果新区距离主城区的距离过远，通勤时间就会成为人才招聘过程中难以解决的难点。

②顾客的心智

顾客会依据对机构地理位置的关联认知来产生机构的品牌心智，你在几流的商圈，顾客就认为你是几流的品牌；机构在寸土寸金的核心商圈通常会被认为是一流品牌；机构选址在偏远的商圈则会被认为是二三流品牌。

③老板的时间成本

机构选址偏远，同时也意味着老板每天要多花一两个小时的路途成本，这些时间累积起来就是巨大的时间成本。

④区域的发展

在一个城市中尚未成熟的商圈发展往往会有一定的不确定性，一旦国家层面的政策发生了变化，区域的发展就可能受到影响，而且很多开发区的税收利好往往都会有一定的时间年限，一旦三五年之后政策取消，企业当下看重的补贴政策可能就会消失，机构的盈利能力会受到很大的影响。

综上所述，建议优先选择主城核心区域。而且在公司财力允许的情况下，可以考虑一次买下多层区域，虽然当下的经营规模可能暂时用不到，但是可以用于出租，面向与自己经营定位相匹配的品牌招商，避免周边出现低端品牌拉低自家的心智印象。

40．布局上市时，现在应该做规模，还是优化找代理做品质？

企业的增长可以分为三类：

①恶性增长： 盲目追求业绩或经营体量的增长，甚至为此不惜牺牲商业道德、顾客利益以及企业的长远发展，比如早几年医美行业如火如荼的各类模式医美等，短期内或许取得了一些收益、挣到了一些钱，但是没有长远的价值，甚至有可能让机构的经营陷入危局。

②肥胖增长： 一味追求业绩的增长，动用一切手段去拉动销售，最终虽然业绩有一定增长，但是利润却每况愈下，并且不具备可持续发展的价值。

③良性增长： 在清晰的战略目标与战略路径指引下，围绕明确的商业模式与品牌定位，让所有的经营行为都围绕品牌定位配称，形成统一

的品牌心智，实现业绩的良性增长。

因此，建议企业在当下的经营环境下，摒弃所有的恶性增长与肥胖增长行为，让所有的经营行为都围绕良性增长，具体建议如下：

①优化团队与获客渠道

淘汰能力不胜任与价值观不匹配的高管，优化代理商团队，以少数人管理优质资源，让团队与销售渠道都更加干净纯粹，为机构未来的IPO之路扫清障碍。

②B2B2C转型B2K2C

拓宽合作对象，寻找手上有资源的KOL作为合作对象，以及从现有的直客团队中选拔并打造KOL，通过线上直播销售体验卡，解决机构获客难题。

41．医美为什么没有出现像餐饮那样的连锁企业？

中国民营医美行业的发展到目前为止只有十几年，相对于餐饮、酒店等成熟行业来说，这个周期还是比较短的，关于医美行业的政策与监管措施尚在成熟完善的过程中，所以行业的标准还停留在比较低的水平。

①技术标准难统一

医美行业的本质是"医"，而医疗技术想要形成标准，本身就比酒店和餐饮行业要难一些，所以就很难形成大的连锁扩张。

②缺乏大资本关注

很多行业加速成熟的背后都离不开资本的催化，例如网约车出行行业的背后，是通过上千亿的资本投入加速培养了用户的消费习惯。而医美中游的赛道目前还没有大量资本的投入，更没有三五百亿这样的投资规模去催熟这个赛道，因此医美行业短期内没有办法加速成熟。

③顾客需求待提升

医美属于消费医疗的范畴，并非顾客的刚性需求，这也就意味着顾客在物质生活基本满足之后，才会去投入求美方面的消费，这意味着医美的消费群体注定不可能在人群中占据较高比例。

但是我们相信，随着社会经济的发展与顾客需求的提升，医美行业的成熟度会逐渐提升，并且增长迅速。

42．中小型渠道适合做贴牌玻尿酸吗？

随着医美行业的竞争加剧，以及医美产品耗材市场的透明化，确实有一部分医美机构采用OEM定制玻尿酸等产品的方式来降低顾客对价格战的敏感度，提升品项的溢价空间，但是这件事情是否可行，要考虑多个方面的因素：

①定制产品单价

玻尿酸产品的定制单价与定制数量有关，中小型企业如果一次订购大批量产品，很容易带来资金与库存的压力；如果定制批量较小，则价格方面的优势不足。

②品牌知名度

一款新的产品如果想要打响市场知名度，得到顾客的认可，需要投入大量的营销宣传成本，也需要较长的推广周期。中小型医美机构往往难以承担这样的新品推广成本，则定制的自有品牌在顾客心目中就是一个没有品牌的不知名产品，市场溢价空间不大。

③顾客认可度

对于不在意品牌影响力的顾客来说,并不会关注使用的玻尿酸品牌是机构自有还是行业通用,只会追求以较高的性价比实现比较理想的效果,定制品牌的价值不大。

对于在意品牌影响力的顾客来说,没有品牌知名度的产品不仅不能够让她们降低对价格的敏感度,反而会让她们缺乏安全感,一旦被她们发现自有品牌玻尿酸是"××品牌"的贴牌产品,又会产生不如直接使用"××品牌"的感受。

因此,不建议中小型渠道医美机构OEM生产自有品牌玻尿酸,如果一定要通过产品置换来提升品项溢价空间,不如选择品牌知名度低但是性能卓越、合法合规的小众玻尿酸品牌,通过卓越的美学设计理念与精湛医生技术来达到让顾客满意的效果,实现品项的溢价空间。

43. 三四线30年机构,2 000平方米现在开新生美解决流量问题合适吗?

传统生美行业发展到今天,已经进入衰退期,可以说是日薄西山了:门店数量不断减少、顾客不愿进店消费、门店转化率低、顾客流失率不断上升,每年有约1/3的生美创业者黯然出局。因此,建议医美机构放弃开生美连锁的想法,原因如下:

①生美顾客流失严重

传统生美项目的主力消费人群是"60后""70后"以及部分"80后"女性,"85后"与"90后"没有到传统生美消费的习惯。而这批生美客群随着退休、家庭结构变化等原因，不断淡出生美消费，导致生美顾客持续流失，又没有新生代客源补充进来，越来越多的生美门店因为经营不善而倒闭。

② 内渠引流不靠谱

一家2 000平方米的医美机构，如果依靠自营的生美连锁门店引流，那么至少需要拥有4 000~6 000名有效活跃会员，医美项目普及率达到50%，才能支撑医美机构的日常客流与坪效业绩，而要达到这个门槛，不仅需要前期投入大量的资金来开数十家生美门店，还需要经过至少一年的经营积淀。

如果同时希望走传统渠道医美之路，让生美同行送客，那么自营生美门店不仅不是优势，反而会让同行失去安全感而不敢送客。

③ 团队基因不符合

开生美与开医美一样，都是需要老板与团队对这一块有所研究和悟性。能把医美开好的老板，未必能够把生美经营好，因为这是两种截然不同的经营模式与企业文化；如果从医美机构现有的团队中抽调人手，去经营生美板块的业务也是不靠谱的。

因此通过开生美连锁来解决医美客源流量的思路，基本不具备可执行性，如果一定要新开，建议选择皮肤管理中心或者轻医美，满足新生代求美者的需求，还有机会抓住行业风口，实现良性增长。

44．28年整形医院还有四家生美连锁，但内耗严重，该怎么办？

团队内耗是传统双美机构的通病，一方面双方都想在同一批顾客有限的消费力中尽可能为自己争取到更高的业绩，另一方面因为经营节奏的不同与服务理念的差异，经常会产生各种问题和矛盾。

解决这种矛盾内耗的建议有：

①统一企业文化

传统生美机构往往在意企业文化的打造，而医美机构通常会弱化对机构使命愿景价值观的宣导，作为双美机构可以通过统一的企业文化应用，筛选与企业价值观高度匹配的高管，并以集团的使命愿景来指引机构的所有经营行为，倡导一致的价值观与利益，提升生美与医美的凝聚力。

②统一价格体系

4家生美机构的顾客不足以支撑医美机构的顾客流量，因此医美机构往往需要获取线上直客流量来完成业绩，直客比较在意性价比，生美机构在医美业绩开发方面一直是追求大客大单大业绩，如果双方顾客并存于一家医美机构，生美门店往往会缺乏安全感，认为会把大客价值卖低了。

如果想要打通生美与医美体系，就要放弃对医美高客单价的追求，转而追求更高的性价比与更高的消费频次。

③优化考核机制

高管不会做领导要求的事情，只会做领导考核的事情，想要医美与生美实现业绩的循环，最有效的办法是优化机构的考核机制，比如将生美顾客的医美项目普及率、生美机构的医美体验卡销量列入薪酬绩效体系的考核指标，通过考核导向机构的运营决策与运营策略。

45. 传统双美机构，有一些私密业绩，现在想开一家自己的私密机构，可行吗？

私密项目一直是生美连锁大业绩的重要来源之一，但是在传统生美连锁机构中，私密业绩不是开发出来的，而是漏斗漏下来的。原有的生美老客中，一批有消费力与消费需求的顾客，经过生美私密项目的消费习惯培养与私密教育体系的熏陶，成为私密医美的顾客。

也正因为这个原因，几乎所有双美型企业私密品项的生命力都在三年以内，三年后会急剧下滑，具体表现为：第一年迅速开发出一批顾客，产生大业绩；第二年既有新增顾客也有流失顾客；第三年生美原有存量顾客的医美需求开发完毕，没有新增只有流失，所以业绩开始明显下滑。

如果机构计划停止私密外部合作，由自己团队来完成私密的业绩产出，建议考虑以下几个方面的因素：

①**生美存量顾客的私密需求**：一家独立的私密医美机构经营业绩需要大量的顾客需求来支撑，如果现有生美存量顾客中有私密需求的人数不多，或者生美顾客的私密需求已经被之前的外部合作机构基本开发完成，业绩已经进入衰退期，那么可能难以支撑一家新开的私密机构正常经营。

②**团队是否具备私密基因**：经营一家私密机构需要一支专业的私密团队、成熟的私密教育体系与精湛的私密技术体系，是否要自己开一家私密机构需要盘点机构中是否具备专业的私密获客、培训、咨询人才，以及能否找到能力较强的私密专家，如果团队能力一般或者人才配备不全，私密教育、私密咨询与技术交付依然依赖外部合作，那么开一家私密机构的经营风险较大，利润空间也很难保障。

③**私密机构是否需要品牌力**：传统双美机构的私密业绩无论是外部合作还是自营机构，都是2B的，不会直接面向终端顾客去获客，因此不需要外部宣传与品牌力。

综合以上表述，传统双美的私密项目是否需要自营，建议慎重考虑，客观评估利弊。即使开也建议打造成集团公司或者医美机构旗下的产品品牌，而不作为企业品牌，可以不用专门的独立机构与门头宣传，以科室的形式进行经营，在产出业绩的同时降低经营风险。

46. 把医美机构做到极致的性价比，有没有市场竞争机会？

随着医美行业的顾客群体与消费需求下沉，"极致性价比"是年轻群体的刚需，也是医美行业竞争中非常值得去做的一个生态位。其优势在于有效防御竞争对手的竞争、对潜在进入者构成竞争壁垒。

但是想要把一家医美机构做出"极致性价比"是一件非常困难的事情，因为机构敢于把价格放到最低并不是本事，把价格放到最低还能够保证品质、实现持续盈利才是真正的实力，这背后考验的是机构的几大能力：

①**供应链整合能力**

想要能够做到低价依然有利润，就必须做到总成本领先，在医美机构的成本中最直观的成本差异就是上游采购成本，包括产品耗材、仪器设备的采购成本等。在保证品质的前提下，无论采购正品品牌，还是OEM定制合规产品，想要做到更低的成本都必须有足够采购规模，这对企业的经营规模与圈层资源都提出了极高的要求。

② 人效控制能力

医美机构最高的成本在于人力成本，"极致性价比"的背后是人效的提升。提升人效的核心并不是裁员，而是招聘到更优秀的高管，以更高的效率创造更高的价值；建立更高效的敏捷组织与更简洁的业务流程，减少不必要的熵增，以更低的用工成本创造更高的效益。

③ 品质管控能力

极致性价比的核心在于"同等性能价格最低、同等价钱性能最好"。价格可以降低、人效可以提升，但是品质必须充分保障，这就对机构的医生技术、操作标准、顾客服务等提出了更高的要求。

医美机构只有做到"总成本领先"，才能够有机会做出"极致性价比"，这不仅是一个经营定位的选择，更是对企业实力的严峻考验。

47．机构一直亏损，消耗了老板大量精力，该怎么解决？

我们在做企业增长战略的时候经常会提到一个词，叫作"舍九取一"，舍九取一的核心就是五个字"关、停、并、转、离"，其中第一个"关"，就是关掉持续亏损的店与持续亏损的业务。

所谓"持续亏损"，是指不仅之前没有盈利，而且在接下来六个月没有明确的策略，不能够实现盈利，这样的店应该毫不犹豫地关掉。很多老板不甘心关掉的原因一方面因为前期投入了大量的沉没成本，另一方面是感觉自己亲自去坐镇，还有扭亏为盈的机会。

事实上老板亲自坐镇未必能够实现盈利，但是老板为了救活这家店很可能需要从企业其他业务板块调配资源，势必会影响其他板块的业绩，可谓得不偿失。

老板在做商业决策的时候，千万不要为了所谓的情面而影响客观的判断，关店本身并不丢人，因为没有谁能够永远踩准时代的节拍，谁都有可能踩入淤泥，踩入淤泥之后最漂亮的不是强装面子，而是如何从淤泥坑走出来。

杀伐决断是老板应有的魄力，关店的时候不用过多考虑自己所谓的面子，及时止损才是最大的面子。

48. 两个城市分别有一家机构，战略该如何制定？

如果两个机构在同一个城市，那么只需要一套战略一个定位就可以了，因为同一个城市的两家机构是"1+1＞2"的结果。如果两家机构在两个不同的城市，处于两个不同的竞争格局下，这就是两个不同的生态位，这两家机构就不是真正的连锁，甚至可以说几乎是没有任何关系。

因为真正的连锁是做给C端看的，当顾客认为这两家机构是连锁，他们才是真正的连锁。两家机构分布于不同的城市，虽然品牌名称可能相同，但是从经营定位到品项体系都有很大的区别，而且几乎没有顾客重叠的可能性，所以只有自己内部人会把他们当作是连锁，顾客是感知不到的。

所以，这两家机构需要的就是两个战略、两个定位，才能够满足各自的市场竞争环境与经营需求。

49. 新开机构是否可以引流以往的高端客户？

顾客不是员工，不会依据机构老板的意愿到指定的场所消费，只会依据自己的心智选择符合自己喜好的消费场所，顾客输送不能刻意为之，而要给顾客创造主动选择的理由。

根据我们的经验：低端顾客更在意低价、中端顾客更在意性价比、高端顾客更在意体验感。

所以如果将新店定位于服务高端大客的品牌"臻选店"，就必须站在顾客的视角去思考问题，打造出匹配高端顾客的优秀医生、高端品项、优质服务与舒适体验感，这样才能够真正吸引高端顾客的兴趣与选择，就算不做有计划的输送，高质量的顾客自己也会自主选择过去消费。

50. 疫情期间能保持业绩增长的机构都在做些什么？

此起彼伏的疫情，对几乎所有的行业都造成了巨大的影响，很多医美机构在疫情的影响下，业绩呈不同比例地下滑；却也有10%左右的医美机构，不仅业绩没有下滑，反而实现了业绩的逆势增长。

很多医美同行都比较关注这些能够在疫情期间实现业绩不降反增的机构，到底是做对了什么，才能够取得这样的经营成果。

经过我们观察研究发现，疫情期间能够实现业绩增长的企业，都有一个共同的特征，就是比较有品牌影响力的企业。他们的逆势增长并不是因为在疫情期间做对了什么，而是在疫情之前的很长一个周期内做对了什么。

很多机构在疫情之前做得声势赫赫，在漫长的疫情周期中却做了一些伤害企业基本盘的事情，失去了顾客的信任，甚至也失去了团队的信任，下滑是必然结果。

而那些有更高品牌认知与长期主义理念的机构，在日积月累的经营中积淀了自己的品牌心智，形成了机构的核心竞争力，也赢得了市场的青睐与顾客的认可。即使在疫情期间，他们没有大刀阔斧地去压缩成本，而是保持品质给予求美者很强的信心，所以疫情后当顾客选择医美消费机构时，首先选择了这些有品牌力影响力的企业。所以说，正是品牌影响力让这些机构在疫情中保住了自己的基本盘。

一旦机构在品牌力方面有了足够的竞争力，就没有必要只选择有品牌号召力的高价产品，即使选择自己OEM自有产品品牌，顾客也会基于对品牌的信任而信任产品，这也就意味着他们在成本控制方面也有竞争力，有机会做到总成本领先。

增长不是单店的爆破行为，而是一个完整的增长系统，包括老板的认知、企业的战略、机构的经营效率等，多个维度决定机构能不能长期增长。疫情是个试金石，试出了企业背后的实力，如果企业是肥胖增长，一旦遇到疫情，业绩就会直接萎缩，而有品牌力的机构，则可以经受疫情的挑战，保持良性的增长势头。

51. 什么是北极星指标？如何制定企业的北极星指标？

我们都知道北极星是最靠近北天极的一颗恒星，在暗夜中迷路的人，只要能够找得到北极星就能够辨别出方向，在北极星的指引下一路抵达自己的目的地。北极星指标也叫唯一关键指标，简单地说就是公司执行的发展目标，是衡量企业战略是否完成的关键指标，也是现阶段最高优先级的指标。

举一个案例来说明，某机构明年的业绩目标是8 000万元，但是如果单纯追求8 000万元的业绩目标，可能会造成如下结果：各种大型会销外请专家拉业绩，最终实现了收现目标但是利润难以保障；一味盯着老客过度开发大单，影响企业持续发展；过度追求成交率，大单小单不放过，影响了顾客体验……

为了保证这8 000万业绩的收入良性、过程可控，通过多方面的数据分析，最终与团队共同制定北极星指标为2 000张体验卡，经过过去一年的数据验证，顾客购卡后的上门率约95%，成交率约90%，初复诊客单价4万元，当年复购率30%，复购客单价6万元。可得出如下公式：

$$2000 \times 95\% \times 90\% \times 4 + 2000 \times 95\% \times 90\% \times 30\% \times 6 = 9405W$$

去除掉一些不确定因素之后，8000万元的业绩基本靠谱，而且通过体验卡的前期筛选，不仅可以开拓新客资源，避免对老客的过度开发，还可以保障顾客的有效性。

根据这个北极星指标拆解，该机构7位市场美导老师每人每月需要完成的体验卡销售数量为：2000÷7÷12＝23.8张，约等于每人每个工作日完成一张体验卡销售，目标可拆解、完成度可衡量。机构所有的经营活动都围绕北极星指标的完成即可，目标清晰、路径明确。

北极星指标的制定需要遵循以下几项基本原则：

①能够指引机构良性增长

良性的北极星指标一般包括：会员卡数量、体验卡数量、老客复购率等。这些指标的共同特征是能够指引机构的良性增长，而不是一味追求业绩指标的肥胖增长甚至恶性增长。

②能够提升顾客活跃度

好的北极星指标一定是能够指引机构提升新客上门量、提升老客到院率与复购频次，通过顾客活跃度的提升，来实现机构的良性增长。

③能够让团队达成共识

如果中高层没有发自内心认为这个指标是我们想要的，那么团队就对这个指标持软抵抗的态度，企业就没有机会实现这个指标。

④能够具备落地执行性

好的北极星指标应该能够拆解出可落地执行的具体策略，让员工看到之后能够明确知道应该通过什么策略与路径来推进北极星指标的达成，并且对指标达成充满信心。

52．机构主营拉皮品项，线上营销做得很好，但当地默默无闻，该如何做强当地市场渗透率？

在今天的医美市场中，拉皮已经成为一个小众品项，因为这个项目的创伤度大、恢复期长，所以是个重决策的项目，顾客的抗拒点会比较多，项目的普及率也很难做到比较高的水平，所以这是一个注定会逐渐被市场淘汰的项目。

机构主营拉皮项目短期内依然会有钱赚，并且可能还经营得不错，但是这个企业的天花板非常低，几乎没有大幅增长的可能性，因为有两个方面的瓶颈：一是主营品项的瓶颈，拉皮这个项目不仅顾客群体小众，而且复购周期非常长；二是所在城市的瓶颈，二线城市想要辐射全国市场不占地理优势，如果在北京这样的城市可能还会有一定的商业机会。

做企业不能和行业的大趋势去做抗衡，虽然我们坚信拉皮确实是很多顾客的需求，而且这个需求在很长一段时间内都不会消失，但是我们必须看到拉皮的消费群体是逐渐萎缩的，因为顾客永远都会追求体验感，从很痛到微痛到无痛，恢复期从3个月到1个月到3天再到没有恢复期，这是大势所趋。

所以机构现在要考虑的并不是如何做好当地市场的渗透率，而是从现在就开始着手做品项的技术进化，从创伤度、体验感、恢复期等各个方面去提升，创造一个明显优于传统拉皮手术的抗衰提升品项，降低顾客的决策成本，这样才能够突破瓶颈。

53．县级市拥有二三十年历史的老牌医美机构，自建独栋建筑，体量太大却顾客不足，该如何盘活？

首先从医美机构的角度来考虑，作为拥有二三十年历史的老牌医美机构，想要提升顾客上门量，可以从几个方面着手：

①做好会员体系

买流量的时代已经过去了，通过会员体系做好锁客、升单、深挖、激活，充分发挥顾客的终身价值，做好品牌的口碑传播才是王道。

②做好线上拓客

拥抱互联网时代，打造美团五星商家、通过小红书线上种草、做好抖音本地化直播引流，打造线上新媒体矩阵，实现全域拓客。

③做好品牌定位

随着市场环境的变化、顾客结构的变化与消费需求的变迁，整形外科的业绩占比持续下滑，建议做好品牌转型，在旗舰院之外打造本地化的轻医美连锁品牌，抓住当下消费水平较低的年轻客群，培养消费习惯发掘升单需求之后向旗舰院输送。

从整栋建筑的商业规划来考虑，县级市的市场需求量的确支撑不起数万平方米的医美机构运营，建议合理规划空间布局，重点关注民生类与消费医疗类业态的招商，比如：月子会所、高端养老中心、口腔门诊、眼科门诊、中医诊所、体检中心等，这些都是与医美有一定行业关联度与顾客重叠度的行业，而且从长期来看有一定的发展前景，从而实现企业收益的最大化。

第二部分 02

营销篇

MARKETING CHAPTER

> 对付强大竞争对手最好的战术是反向走,有效集中对手强势中与生俱来的弱势。
>
> —— 勇者说

54. 外部恶性竞争，流量下降，客户没有忠诚度，该怎么办？

"凡事内求，不论顺逆，皆是成长之因"。这句话出自稻盛和夫《干法》，表达的含义是：凡事找外因，十年都是一个样子；凡事找内因，每天都是新的样子！不推诿责任，时刻反省自己，是一个人不可多得的修养。

以"向内求"的心态去理性分析问题，我们会有如下发现：

① 医美行业的恶性竞争永远都会存在

只是之前在医美行业的快速增长期，每家机构都在开疆扩土、跑马圈地，但是在产业规模体量快速增长的背景下，"业绩治百病、大单解千愁"，很多机构的经营者只看到了业绩的增长而忽略了恶性竞争带来的困扰。

在医美行业增速减缓之后，行业恶性竞争给机构带来的影响日益加剧。在严峻的考验面前，有些机构选择了饮鸩止渴，牺牲了企业的发展前景去换取短暂的虚荣指标。

我们建议，越是在恶性竞争激烈的背景下，越是要坚持做长期主义者，努力成为良性增长的企业。

② 医美机构关于流量的争夺从未停止

在医美普及率增速可观、产业总量快速增长的今天，医美行业的流量并未下降，机构之所以有这种感慨，是因为自己原有的流量获取方式失效了，而竞争对手则掌握了更有效的流量获取方式。

作为医美机构的经营者，要重新思考自己的经营定位与流量策略，拥抱自媒体、打造流量矩阵、掌握更高效的流量获取方式。

③客户没有义务对任何一个品牌忠诚

从来没有一种策略能够一劳永逸地让顾客产生忠诚与依赖，能够真正让顾客产生依赖的，只有能够不断满足自己消费需求与情绪价值的品牌与企业。

因为，机构要始终坚持进行产品创新与服务创新，满足顾客的消费需求，持续为顾客创造不可替代的价值，这样才不会被淘汰。

55．同城及周边医美机构采用超低价引流，我们跟不跟？

这个问题其实是两个博弈的问题，在考虑是否跟进低价引流战之前，首先要判断的是对手的超低价是否动了你的奶酪：假设对手将某款玻尿酸的线上价格压低到成本线以下，我们就要评估这款产品在自己机构的业绩占比如何，如果是无关痛痒的极小比例，则无须大动干戈，如果该产品在自己机构的业绩占比相当可观，那就要采取一套组合拳来应对：

①绝对不能跟风降价

盲目跟风降价会给企业带来一系列的问题，尤其是曾经高价销售过的项目，降价之后未必会吸引来新的顾客，但肯定会伤害已消费老客的感情。

②反其道而行之——涨价

换一个更高咖位、更具号召力的医生，切实提升品项在审美设计、顾客服务方面的溢价空间，并高调宣布涨价，明确告诉顾客自己卖的不是原材料而是最终的效果呈现。

③作为储值会员权益——免费

将机构中的优质顾客发展为有品会员，储值满一定金额即将对手低价引流的产品作为会员权益免费赠送，在应对低价策略的同时，深度锁定一批优质顾客。

④快速推出自有产品品牌

想要真正降低竞争对手低价引流对自己的负面影响，核心是通过推出类似"东方心绣脸""凯丽思幸福脸"这样的自有产品品牌，打造品牌资产、提升溢价空间，降低顾客对价格的敏感度。

虽然这套组合拳经过市场验证行之有效，但是经营企业不能永远做被动挨打的人，要主动研究竞争对手什么产品做得最好，率先囤一批货，推出低价抄老底，第一个做破坏性动作的人才是受益者，竞争的跟随者都没有收益。

56．如何看待当下很火爆的某玻尿酸品牌，能合作作为引流项目吗？

我们评判一个品牌商业前景与未来趋势的时候，比较关注以下几点：

①看这个品牌针对终端求美者到底创造了什么价值，并且这个价值是否是顾客认可的？

②看他们的产品是否代表行业的先进生产力？

③看企业创始人的基因：是跨界的、还是业内的？是不是改造了医美行业过去的痛点和机会？

如果某个品牌只是抓住了行业的红利，吸引了很多社会无业青年与求美者变现的机会场景，借助了一些抓住人性弱点的内传销模式，短期内快速收割业绩实现爆发性增长，不仅不具备长期价值，而且还冒着触犯法律的风险。

我们建议医美机构的老板要做个长期主义者，选择真正为顾客创造价值的产品，实现机构业绩的良性增长。

57. 直客线上引流顾客转化难，该如何解决？

首先要教育员工摆正心态，医美销售不是一锤子买卖的事情，而是持续服务才能产出理想结果的事情。

机构为了提升客流量、扩大漏斗开口，难免会通过零毛利的低价项目去做一些线上引流的动作，这些顾客或许很难产生较大的业绩贡献，但是能够给企业带来如下收益：

① 磨炼团队

随着医美信息的日益透明化，线上顾客的专业度越来越强、服务难度越来越大，只买了几十块钱的体验项目，却要求查验产品、核查医生证件等。但不是顾客的刁难，而是社会发展的趋势，是医美行业从增长期向成熟期发展过程中必然经历的变化，企业与员工如果抵触这种趋势的变化，只会导致企业逐渐被年轻的主流消费群体所淘汰；拥抱变化，接受顾客的挑剔，才能倒逼企业的进化、磨炼团队的成长。

② 增加好评

消费力较低的顾客虽然难以给机构带来直接的业绩贡献，但是可以通过一定的利益引导他们发布线上好评，这些好评将提升企业的线上口碑，带来更多顾客的选择与信赖。

③ 升单机会

很多保守型的消费者选择低价引流品项并非没有消费力，而是喜欢通过基础品项的消费体验考察机构的审美、服务与技术水平，如果能够做到让他们满意，就会产生持续的复购与转介绍。

④ 提高机构生产力

医美机构的经营成本看起来是与业绩相关的，事实上有很多成本是固定的，比如有些机构的医生有保底工资，事实上很多拿着保底的医生都没有办法超出保底，不足部分的薪资机构就是白白付出了，低价引流一部分顾客，虽然机构的直接利润很低，但是在业务量不够饱和的情况下，可以降低保底薪资的浪费。

⑤ 提升机构运转效率

低价引流品项虽然带来的利润率很低，但是能够提升机构的运转效率，在单位时间内降低边际成本与管理成本。

58. 组织院内VIP客户参加小型文旅活动是否有价值？

评判一个活动是否有价值，首先要想清楚做这件事情的目的是什么，能否通过这场活动达成既定的目的。

医美机构组织顾客参加文旅活动的目的：

① 开发大客业绩

将顾客从院内带到院外，降低顾客的戒备心理来铺垫或销售医美项目，或许能够起到一定的效果，但这本身是一件比较低效的行为，因为一次文旅活动需要好几天的时间，店家不陪同会不放心，全程陪同则需要付出大量的时间成本，会提高对业绩的期待值。

② 维护客情关系

客情关系的维护是一项长期而持续的工程，而且如果单纯定义客情维护就不能够设定现场销售环节，对于机构来说这是一件投产比过低的事情，没有太大的价值。

③提升品牌势能

从提升品牌势能的视角来考虑，小型文旅活动面对的客群比较有限，无论从宣传的视角还是心智的提升来看都没有太高的价值。

从长期主义者的视角考虑，不如在当地最豪华的五星级酒店邀请年度消费满足一定金额的顾客参加一场现场不做销售的品牌盛典，提升品牌在顾客心目中的形象。

59．双美机构大促赠送的十年权益卡，但顾客只薅羊毛该怎么办？

品牌的根本核心是诚信，一家坚持诚信的企业才能够让顾客产生安全感、形成口碑，进而产生持续消费。

这批顾客之所以能够获得免费的权益品项，之前也是为企业贡献了业绩的，不能因为现在没有贡献了就翻脸不认人；另外顾客之所以还能够回店做项目，说明对品项效果与服务体验还是满意的，而且只要顾客坚持回院就依然有升单的机会。

因此不建议简单粗暴地停掉企业承诺出去的顾客权益，未必能够省下多少钱，但肯定会伤害企业的口碑，影响潜在顾客的消费。

关于这个问题要从两个维度去思考：

①企业在制定营销方案的时候，一定要考虑投资回报情况，尽量不要留下漏洞给顾客去钻，尤其不要设置有效周期过长的免费权益；

②对于已经留下的漏洞，要思考如何能够制定一个更有诱惑力的卡项方案，吸引这批顾客接受转卡，结束这种漫长的无效交付；

③对于实在转不了的顾客也要把心态摆正，不折不扣地把这批顾客

服务好，把企业的口碑经营好。

60．二线新开医美机构是否需要投放品牌广告，怎么投？

①品牌广告要有"品牌税"的心态

广告投放不是赌博，不要指望一笔广告预算投下去，立刻就能收获多少流量甚至业绩。

正确的心态是把广告投放当作交税，每年从营业额中拿出一定的比例来做品牌广告投放，这笔投资应该成为企业营销的标配，无论有没有效果都一定要花完，只要花了就一定比不花强。

广告学术研究有定论：固定的、小规模的、长期持续的广告效果，大于集中的、短期的、大规模的投放效果。

对于绝大多数企业来说，持续大规模的广告投放都是不可承受之重。

因此，广告投资不是短期花钱买奇迹，而要像交税一样持续投入，如果你投放一段时间认为没有效果就不投了，那么前期所有的投入也就打水漂了。

②品牌广告的画面要做到五年十年如一日，让广告定位心智语占领顾客的认知

在医美行业我们经常看到很多机构的广告，今天红的、明天绿的、后天黄的，风格变来变去，广告费花了不少，最终顾客什么都没有记住。

在信息大爆炸的现代社会，想要受众对于一个品牌的广告形成记忆，需要持之以恒的积累，才能够形成清晰的心智认知。

我们在机场与高铁站经常看到上海一家营销咨询公司"华与华"的广告宣传，近二十年来他们的广告画面始终没有变过，不是因为没有

更好的创意，而是因为这样的坚持，才能让大家一看到广告就想到这是"华与华"，形成鲜明的记忆。

与"华与华"有同样坚持的还有脑白金，20多年来无论广告视频风格怎么换，广告画面永远是两个老年人在跳舞，广告语永远是"今年过节不收礼，收礼只收脑白金"，这样才能够占领并持续夯实顾客的心智。

61．省会新开皮肤抗衰类轻医美机构，品牌该如何定位？

首先"皮肤"与"轻医美"都是抽象品类，其中"轻医美"包括了"皮肤"，因此"皮肤"比"轻医美"更聚焦一些，但是要看"皮肤"这个概念在当地还有没有窗口期，有没有可能被误解为治疗皮肤病的医院。

比如在南京，提起"皮肤"这个概念，很多人心智中的第一反应并不是"皮肤美容"或者"皮肤抗衰"，而是"皮肤病研究所"，这就跟轻医美机构的经营定位出现了严重的偏差。

在省会以及一二线城市，"轻医美"这个概念的热度与顾客认知比"皮肤"更高，因此在品牌配称的选择方面，更建议叫作"××轻医美"。

62．机构命名有何讲究？

品牌命名有个原则叫作："宁短勿长"，优秀的品牌名不能过于冗长，要给人简洁、简单、易读、易记的印象。如果品牌命名过长，就会感觉不方便阅读与记忆。

因此注册品牌名建议能取三个字就不要选择四个字，因为品牌名一旦超过三个字，顾客在提及的时候就会自动缩略，比如著名的生美连锁"克丽缇娜"，在很多口语语境中大家都会省略为"克缇"。

除了字数之外，我们在给品牌命名的时候还要遵循几个原则：

① 一看就秒懂

别人一看到品牌的名字，就知道是你是做什么的，比如"百果园"是卖水果的、"周黑鸭"是卖鸭货的，一目了然的名字能够大幅度降低品牌的传播成本。

② 一听就会写

品牌命名中不要使用生僻字或者笔画特别复杂的字，像"百度""知乎""天猫""红牛"，这些能够让顾客耳熟能详的品牌名，基本都不会超过小学三年级的识字范围。

③ 读音不拗口

中国文字讲究抑扬顿挫的韵律美感，而各个地区的人们在方言中又会存在各种各样的发音习惯与盲区，比如福建人不会读"凤凰"、南京人不会读"牛奶"等，因此品牌命名要经过普通话与方言双重验证，确保没有拗口的读音才能够广为传播。

④ 借势不山寨

很多品牌在命名时为了便于借势，喜欢化用一线知名品牌的品牌名称，比如著名的电视购物品牌"劳士丹顿"，一旦品牌名称给人一种抄袭大牌的感觉，就会给人一种山寨不值钱的品牌印象，一定要规避这种命名思路。

63. 机构经营多年没有商标，现名称无法注册怎么办？

商标是企业重要的经营资产，没有注册商标意味着企业的品牌不受国家相关法律法规的保护，而且会让品牌资产大打折扣。某年产值过亿的大型直客机构曾经与资本接洽收购事宜，因为机构品牌没有注册商标，最后收购案不了了之。

如果企业当下的经营资产无法注册商标，可以从以下几个思路去解决问题：

①申请"撤三"

商标注册后是有使用义务的，如果想要申请注册的商标持有人注册后三年内没有该商标的使用记录，可以向相关机构申请撤销其商标所有权之后，自己再去申请。

②购买商标

如果该商标的所有人是个人或者小的个体工商户，没有商标的实际使用价值，建议可以与商标所有人进行沟通，购买该商标的所有权。

③加字注册

一般情况下商标字越少越难注册，如果二字或者三字商标注册不下来，可以考虑增加文字，比如"汇成"注册不下来，所以我们选择了注册"汇成医美"，在实际使用过程中并不受影响。

④异常断句

如果品牌全称注册不了商标，可以考虑以异常断句的形式申请注册商标，例如某机构名叫"××口腔"，二字与四字商标均注册不下来，于是申请了三字商标"××口®"，因为"××口®腔"的®为上标符号，在实际使用中并不会有受众感知到其中的差异。

64. 传统医美转型轻医美，品牌命名有哪些注意事项？

对于传统医美机构来说，转型轻医美机构的品牌命名属于"品牌延伸"的范畴，品牌延伸是一件非常有价值的事情，但是并不是所有的品牌都适合延伸，也并不是所有的品牌延伸都能够起到积极的作用。很多品牌盲目做品牌延伸，虽然短期内可能带来一定的顾客认可，但是从长期来看却会让品牌地位在潜在消费者心智中变得模糊不清，稀释了品牌的影响力。

关于不同类型医美机构的品牌延伸，建议如下：

①**生美品牌新开轻医美**——一个品牌只能做好一件事，一个品牌只能代表一个品类心智，如果生美品牌在当地没有做出比较强的市场知名度，那么没有品牌延伸的价值；如果生美机构已经做出了比较强的品牌心智，又会让顾客对品牌的专业性产生怀疑，所以不建议延伸。

②**渠道医美新开轻医美**——渠道机构转型轻医美，本来这也是一件不符合渠道2B基因的事情，如果一定要做的话，也不建议延伸原有的渠道品牌名，因为会让生美渠道合作商缺乏信任感。

③**直客医美新开轻医美**——关键在于原有直客医美与新开轻医美的品类与顾客重叠度，以及原有直客机构的市场竞争地位。如果原有直客医美主营眼鼻手术，顾客年龄层也比较大，当下考虑新开轻医美，不建议延伸原有品牌，做出品牌的差异化会更有价值；如果原有直客机构客群比较年轻，且是市场的追随者，建议可以采用原有品牌＋轻医美后缀。

④**名医医美新开轻医美**——这个关键在于医生IP定位与顾客心智强度，假如是微整医生或者皮肤科医生开的轻医美机构，建议可以沿用原有品牌名，如果医生本人的心智是做鼻整形手术的，而且在这方面知名

度非常高，那么建议新开的轻医美机构重新命名。

除此之外，关于轻医美品牌命名还有如下建议：

A. 商标能注册，注册不了商标的轻医美品牌没有价值；

B. 要词根清晰，有品类关联度，让顾客一听就知道轻医美的行业属性；

C. 没有生僻字，一旦顾客不认识或者没有把握读出品牌名，传播效果至少打了个对折；

D. 有母体文化，易理解、易记忆、易传承；

E. 字数不过长，品牌长度不宜超过3个字，一旦超过3个字，顾客就难以记得住。

65. 医美机构要怎么样才能做出品牌差异化？

其实在我们的生活中，有很多东西都是严重同质化的，但是最后都做出了差异化，比如说女孩子们爱喝的奶茶，喜茶、奈雪的茶、茶颜悦色，在产品本质上并没有明显的区别，但是他们在品牌定位方面，却做出了明显的差异。

在医美行业产品严重同质化的今天，想要在竞争中做出差异化，可以从以下几个方面入手：

① 设计理念差异化

所谓"医美"的核心，是通过医疗技术为顾客做出美的效果，其产品并不是玻尿酸、少女针、肉毒素等耗材，而是最终所呈现出的效果。其效果的差异化并不是来源于耗材与技术的差异化，而是来自审美设计的差异化。例如服装行业采用的面料、配饰与缝纫技术本身并没有明显的差异化，顾客选择的差异化来源于设计师的审美与最终呈现的效果。

②品牌价值差异化

所有的竞争，归根到底都是品牌与品牌之间的竞争，随着医美行业进入规范与成熟期，引导顾客最终消费选择的一定不是产品的差异化或者价格的差异化，而是品牌价值的差异化。例如奢侈品行业，LV包包的原材料并不是真皮，很多版型设计与一些小众品牌也没有什么明显的差异化，而顾客之所以选择购买，看重的是LV经历百年沉淀的品牌文化与价值。

③客群定位差异化

"大而全"的传统医美机构正在逐渐失去吸引力，脱颖而出的是各种客群定位精准的"小众医美"，如定位高端职业女性的品质医美智美颜和、定位大学生与年轻白领群体的韩式快时尚轻医美张小熊、定位问题型皮肤治疗的颜术等。

没有一个品牌可以成为所有人的选择，满足某一个精准群体的消费需求，成为他们的首选才是差异化竞争之道。

66. 一线头部生美连锁，有新开计划，建议如何装修？

首先建议在装修设计之前，先明确轻医美机构的发展战略，想清楚机构十年之后的发展愿景，以终为始去思考机构今天的经营格局，具体思维逻辑如下：

① 选定轻医美赛道

从顾客的消费需求与行业的竞争格局来分析，未来传统生美机构的经营会越来越艰难，而轻医美是未来的必然趋势。尤其在一线城市，目前正处于轻医美快速发展的窗口期，建议选择轻医美赛道，将机构发展愿景定位为所在城市的轻医美第一名。

②申请诊所资质

选定轻医美机构的商业模式，聚焦皮肤与微整两大主营品类，可以申请美容皮肤科诊所资质。考虑到后续招聘医生或者顾客升单手术项目的需求，也可以考虑申请美容外科诊所资质。

③规划装修格局

依据机构的诊所资质、主营品类、业务流程与运营规划进行环境装修布局设计：可以考虑设置美容治疗室20～25间、注射室3间、手术室1间，另外考虑到后续需要进行会员制分级管理，可以考虑单独一层设置为VIP会员中心，便于进行会员活动执行与高端会员的服务。

67. 医美机构营销成本居高不下，问题出在哪里？

营销成本居高不下是目前医美机构最大的痛点之一，这个问题的根本原因不是真正的营销成本上升了，而是因为机构再也找不到那种"只需要增加投入就一定会有收获"的方法了。

导致医美机构营销成本提升的原因包括几个方面，其中外部原因如下：

①流量成本增加了

10年前，医美获取一个客户成本也就几百块钱，而现在的获客成本已经达到了当初的数十倍。

②医美玩家变多了

2023年，我国医美相关企业注册量达4.66万家，同比增长38.61%。朗姿、鸿星尔克等传统企业纷纷涉足医美行业，资本的入驻并未给医美行业带来营销模式与打法的创新，反而刺激医美机构在线上广告和线下渠道等传统获客路径上加大了投入。

③营销内卷严重了

激烈的市场竞争，势必带来营销获客的内卷。2023年末的几个月，医美直播"低价战"进入白热化，每支近万元的注射材料被一折甩卖，各种光电项目甚至跌破两位数。高昂的固定成本与低廉的线上价格，令诸多医美机构入不敷出，甚至出现一些无良企业选择"跑路"。

医美机构普遍存在的获客成本内部影响因素如下：

第一，缺乏流量思维

很多我们医美机构的营销只有买流量的思维，却没有造流量的思维。因为买流量更加简单直接，但是你去别人的鱼塘里钓鱼，肯定是要付费的，而且钓鱼的人越来越多，费用也就越来越高了。

第二，没有产品思维

打开很多医美机构的某团项目列表，少则三五十个项目，多则一百多个项目，看起来就像是"周周大促、天天闭馆"的节奏。但是很多机构并没有想清楚：机构的开口品项是什么、爆品是什么、利润品项又是什么？

这种不清晰的产品结构与获客模式所带来的结果，就是40%的客户占用了60%的医疗资源，却只产生20%的销售业绩。

第三，没有用户思维

很多医美机构并不注重客户的深度运营，其结果就是一半以上的客户到院1次后就再也不来了。

造成这个问题的原因是我们的医美机构总是用产品和价格匹配客户，而不是根据客户需求匹配产品和价格。

众所周知，客户个体是有差异的：年龄不同、收入不同、需求不同，所以他们所处在的变美阶段也是不一样，分不清顾客的体验期、成长期、成熟期还是收割期，只能普遍撒网，获客成本自然高昂。

68. 私域2.0时代，医美机构应该怎么做？

现在的流量越来越贵，营销本来是为了赚更多的钱，现在却成了机构最大的成本支出。未来3~5年，被沉淀下来的流量才是王牌，无论线上还是线下，品牌和渠道已经开始融合，私域生态已经进入2.0时代。

关于如何做好私域2.0时代的营销，我们提出了三个核心观点：

① 利用"客户触点"优化求美体验

想要在多元复杂的市场环境下，与顾客构建良好的客户体验。先要打通与顾客的触点，每一个可以连接到顾客的渠道都要设置触点，比如机构的企业微信、美团和小程序等。

我们要沉淀顾客的行为数据，然后再根据不同指标进行分层，比如会员和非会员的消费对比、客单价对比，同一机构不同品类的销售额对比等，借助智能分析工具，让整个消费数据更加直观。然后再根据呈现出的数据，更加细化地了解我们的客户，并持续优化迭代客户触点，让顾客每一次触到我们机构的时候，都会有更好的体验感。

② 围绕"客户兴趣"制造优质内容

以私域为中心配合公域是医美行业新的蓝海，我们的医美机构要抓住用户群体，制造顾客感兴趣的内容，通过优质的内容不断和顾客建立"兴趣的链接"。比如，我们可以定期在小程序里直播，分享做医美项目的注意事项、科普知识，用这些顾客关心的话题内容，来吸引顾客建立连接，然后再去持续培育用户，借助小程序商城等方式去成交，持续获得用户价值，实现营销的闭环。

简单来说就是注意这四个小细节：

用顾客感兴趣的话题内容、事件营销去撬动公域；

用企业微信把顾客沉淀到私域的池子里；

搭建会员等级体系、积分体系，培养用户忠诚并寻找超级用户；

借助工具打通线上到线下的交易闭环。

③要在"用户最近"的地方配人才

如果营销的打法变了，那么机构所需要的人才也不再是单纯只会投放广告的人了，而是需要三类人才：

第一类是做内容到流量的人才，他们天然就对内容、审美、热点敏感，喜欢刷抖音、看知乎，因为这类人才他们本身就是用户；

第二类是流量到转化的人才，他们更类似"数字化"人才，喜欢用数据说话，会将每个转化漏斗量化成数据指标，并能找到漏斗间最优的转化模型；

第三类是转化到留存的人才，他们精于客户关系管理，喜欢自拍爱分享，会通过专业的医美知识帮助顾客，进行美丽规划和问题答疑。

另外，私域2.0不是某一个部门或者某一个人能够推动的事情，务必当作一把手工程，让核心高层亲自带队，才能够做好这件事情。

69．百度竞价越来越没有性价比，要不要停掉？

近年来很多医美机构对这个营销通路的态度，基本上是"食之无味，弃之可惜"的一个状态。

随着顾客群体的年轻化与信息获取渠道的变迁，"90后""00后"的顾客更习惯于通过新氧、美团、小红书等平台获取医美信息，百度获客的性价比确实有所下滑，可以考虑适当缩减这方面的投入预算。

百度虽然日趋式微但依然是不容忽视的存在，依然有一部分客群习惯通过百度来搜索医美信息。

因此，不建议完全停掉竞价投放，这样可能会失去一部分习惯通过百度搜索来获取医美信息的"80后"顾客，可以花几千元投点品牌词，让习惯使用搜索引擎的顾客能够找到，保持正常的顾客通路即可。

70. 目前机构美团流量做到了地级市No.1，要不要收缩预算？

做到第一不是目的，更高的目标是形成绝对的第一，也就是做到"1＞2＋3"，让竞争对手没有超越的机会，这样才能够击穿阈值，形成竞争壁垒。

因此，不要因为流量达到NO.1就盲目收缩预算，给竞争对手留下超越你的机会。

另外，宣传投放的目的不仅是获取有效顾客，更在于打造线上口碑，因此美团运营不仅要关注留联上门及初复诊业绩，还建议将线上好评数量作为咨询师考核的一项重要KPI。

71. 四线名医直客机构，需不需要打造医生IP？什么平台合适？

通过直播等线上营销模式打造医生IP吸引粉丝进行获客引流的方式，是符合社会传播与医美行业发展趋势的，因此是一件值得去做的事情。

但是具体选择什么样的合作平台是需要仔细甄别的，不仅要看平台自己的宣传与承诺，关键要了解对方的成功案例：有没有为同规模城

075

市、同类型经历的机构成功打造名医IP的成功案例？具体的操作模式与服务内容是什么？每个阶段具体做了哪些事情、取得了怎样的成功，之前的成功是否具备可复制性……

医生IP打造是一件既需要经济投入又消耗时间成本的工作，稳妥起见，一定要系统考察，找到最适宜的合作机构，避免成为不靠谱平台练手的炮灰。

另外考虑到小红书等平台对医生IP的营销推广限制，如果条件许可，可以考虑将需要推广的医生挂靠到公立医院，这样IP认证与营销推广的限制也更少一些。

72．四线城市成立一年的机构，要不要做线下推广？

基于大数据的计算调查，随着移动互联网行业的迅猛发展与智能手机的普及率提升，公交车体广告在很多城市因为触达率与转化率持续走低而成为过去时。

相比之前，网络广告更能触达消费者且更能收集用户信息，实现精准投放与精准营销。

在四线城市，如果线上媒体的普及率较低，可以考虑选择比公交广告更为精准的电梯框架传媒，线下广告的投放选要占据制高点，优先选择受众质量更高的高端楼盘与甲级写字楼，而且一旦选定，就要持久占据优质资源。

73. 三四线城市轻医美机构的美团投放，前期投产比多少为良性增长？

美团前期的线上投放，不能单纯以投产比来衡量是否良性增长，一般来说短期内只要不赔钱就是良性增长，因为机构还有继续坚持的理由。

但是这种坚持并不是在现有能力水平下进行低水平的重复，而是通过学习不断提升机构的获客水平与运营水平，提升路径包括：

①招聘更优秀的美团线上运营人员；

②学习更先进的美团运营经验，优化获客品项与销售转化升单逻辑；

③向优秀的同行学习提升顾客体验，比如可以找到一二线、三四线城市投产比优秀的机构，通过美团下单，做它的顾客去体验整个过程，交钱买单办卡，找到人家最成功的地方，找到自己的差距，去学习模仿，实现自己机构的提升。

另外，美团运营的核心不是投产比，而是好评率，只有将线上好评率做到城市NO.1，至少是TOP3，才能够持续吸引顾客关注与选择，形成良性的增长。

74. 怎么能让成本价销售的产品实现高利润？

随着医美行业的低价内卷越来越严重，很多医美机构以成本价甚至低于成本价销售产品已经成为常态，但随之而来的是机构利润持续走低，甚至赔本赚吆喝。

想要解决这类问题，首先要树立一个观点：产品不是用来赚钱的，产品是用来和客户建立关系的。靠产品赚差价，赚的永远是辛苦钱，因为你会遇到与竞品无穷无尽的价格竞争。

那么，以成本价卖产品怎么赚钱呢？

① 降低成本

任何产品的成本都是几个部分组成：产品原材料成本、研发分摊成本、营销广告成本和销售渠道成本。如果单纯以产品成本去售卖，就造成其他三块成本的损耗，所以我们要拿综合成本去开刀，用"拧毛巾"的方式压缩费用，具体方法：可以优化营销费用，以内容吸引客户；然后简化交付流程，用最少环节完成服务；最后思考减少销售链路，让客户直接触达。

② 技耗分离

就是把产品耗材和医疗服务拆分开，一是减少竞品之间的价格竞争；二是进一步使价格透明化，增强顾客对机构的信任。而医美机构的盈利空间，不仅仅是在产品本身，更重要是在于医生技术、机构服务、品牌价值方面的竞争力。

将产品耗材与医疗服务拆分开，将更有利于顾客的选择，通过持续不断的认知让顾客感知到，医美最大的价值差异化并不在于产品本身，而在于医生技术的差异化，一旦顾客形成了这种认知，不仅有助于创造当下的利润，更有利于机构的长期发展。

③ 赚点小费

如上所述，产品不仅是用来赚钱的，而且是用来和客户建立关系的，我们可以通过皮肤美容的日常养护与客户建立高频次的互动连接，然后让客户成为会员，为他们提供各种增值服务，比如：减重计划、产后修复、亚健康管理等，客户使用这些增值服务，就相当于给机构支付了一点小费。

75. 医美机构创始人IP打造，有哪些可借鉴的经验？

线上IP打造对于医美机构创始人来说是另一次创业，也是一场人生的修行，因为这是一件极其考验创始人心力与定力的事情。在具体的执行层面，有几点经验可以与大家分享一下：

①明确自己打造IP的初心

IP打造之前，必须先想明白自己为什么要做这件事情：到底是为了提升影响力，还是为了流量变现，初心决定了自己的人设定位、平台选择与内容定位。

②找准鲜明的标签符号

受众每天处于海量的信息之中，想要被注意到并被记住，必须找准鲜明的IP标签并持续坚持。

③搭建匹配的团队

IP小组成员不仅要能力优秀，而且要与创始人的性格气场匹配，挑选出能够给自己提供情绪价值的小伙伴，持续给出正面反馈的激励才能够更好地坚持下去。

④IP打造必须亲力亲为

通过背诵文案，用写出来的脚本来录制的视频是没有灵魂的，真正有价值的内容输出必须来自创始人自己的视角与思维，所以创始人自己必须持续学习，让自己成为工作小组内认知最高的人。

⑤不过于追求完美形象

精致的妆造、完美的灯光、炫酷的后期，或许能够渲染出高大上的人设，但是过于完美则太假，有真实感则更容易被接受，适当展示自己的缺点反而会更可爱。

⑥拒绝团队数据造假

IP打造初始阶段会比较艰难，有些团队为了取悦老板而选择购买粉丝，但数据造假不仅会让创始人陷于自嗨，而且会造成严重的后果，所以必须明令禁止。

76. 渠道医美机构做短视频营销会不会影响店家的信任度？

目前有很多渠道医美机构都在做抖音与短视频营销，目的并不是通过线上来拓客、代替生美店家输送顾客，而是一方面触达店家，将以往的线下美培会与店家启动培训等内容搬到线上，降低双方的沟通与培训成本；另一方面触达顾客，提升获客效率、降低获客成本，实现品项体验卡的批发式销售。这是经过很多头部渠道医美机构验证可行的营销策略。

对于渠道医美来说，抖音短视频这种高效的营销方式，最大的价值是打造自己的私域流量池，让顾客资源全部存活于机构的个人账号中。短期内让机构能够更高效地触达客户，降低对生美店家与医美市场人员个人能力的依赖，进而产生更高的业绩，为双方创造更高的价值；从长远价值来看，一旦国家对渠道医美的管控收紧甚至完全封杀，那么所有的客户资源全部留存在机构的私域账户中，机构依然可以合规合法地经营，所以这是一件必须要去做的事情。

生美店家之所以会对抖音短视频营销有一定的担心与抵触心理，是因为他们担心渠道医美机构通过线上直接触达C端顾客之后，会降低顾客对生美店家的依赖性，甚至有可能直接跳过店家与顾客产生交易，进而损害店家的合作分成。

这个问题跟格力电器董明珠直播遇到的问题一样，全国的经销商与代理商都不敢把自己的顾客推到线上通过直播购买，认为这样会损害自己的利益。事实上这个问题是可以通过技术解决的，那就是顾客识别码，通过软件给每一个顾客或者中间商分配一个唯一的识别码，顾客通过哪个中间商的识别码进入直播间产生的消费，都可以通过系统分配销售返点。

想要让生美店家打消这种顾虑，除了技术层面的解决方案之外，建议还需要做好几件事情：

①坚持会员制运营模式

承诺机构只接待会员顾客，不接待散客，任何人在没有会员推荐的情况下，恕不接待。店家如果不放心，可以安排人来尝试在非预约状态下能不能进入机构。

②为店家开通数字化端口

微医美运营系统支持开通店家端，店家可以通过系统端口进行报单，也可以随时关注到自己顾客的消费情况，避免不必要的跳单担忧。

③打造成功样板店

从所有店家中选择基础条件较好，支持度较高的店家开始单店线上营销，打造出亮眼的活动业绩数据，让其他店家感受到线上营销的价值与优势，逐步接受。

④为店家赋能线上营销

给生美店家提供抖音与短视频运营相关培训，让他们参与其中，通过线上自媒体账号为自己的生美拓客，尝到甜头之后自然更容易接受这种营销形式。

77．医美机构做短视频营销要怎么做？

首先我们需要明确机构做这件事情的初心是什么？为了解决什么问题？渠道医美做线上直播短视频等营销方式，主要是为了：①缩短前端的沟通链条；②降低对市场人员的能量依赖；③提升铺垫沟通效率，从"1对

1"甚至"2对1""3对1"变成"1对N",这个N可以是10,也可以是100、1000。

当下很多区域头部医美机构都在进行直播,比较常见的方式是在直播初期并不直接销售品项,而是在专注做短视频内容,科普医美专业知识、分享品牌文化与研发背景等。积累到一定的粉丝之后开始推出小额体验卡,里面包括生美的面护项目和医美的体验项目,既帮助美容院引流,又帮助自己的品项做顾客导流,这种模式是值得很多渠道医美借鉴的。

无论在医美业内还是行业外,这种短视频+直播的方式都是一种非常高效的方式,具体的执行建议如下:

①打造院长的个人IP

从机构中选择镜头感好、表现力强、专业度强的人才打造个人IP,一般选择设计院长讲审美或者技术院长讲专业,也可以二者搭配互相补短板。

②选定主推的核心品项

因为顾客对不同事物的记忆是有限度的,线上营销需要选定自己的核心品项进行聚焦传播。

③短视频做顾客教育

制作短视频内容,发布品项专业知识、面部审美理念、求美关注要点等方面的内容,吸引精准目标客群关注。

④直播销售体验卡

内容与粉丝量积累到一定阶段之后,开始通过直播面向顾客推广品项,销售体验卡。

78. 直客机构能不能在机场打广告?如何核算投产比?

直客机构要想在所在城市做到TOP3,强大的营销攻势是非常关键的。在做品牌广告的时候不要核算投产比,因为这些广告不会给你带来眼前的顾客流量与业绩，而是带来长远的品牌价值。

做品牌要拥有长期主义者的思维，一定不要把投广告当作赌博，而要把它当成交品牌税，每年给自己定好广告预算，一定要把这笔钱花出去，以固定的、小规模的、长期持续的广告投放效果，不断积淀品牌在顾客心目中的心智。

关于直客医美的广告投放，给出以下几点建议：

① 占据广告位制高点

为什么很多时尚大牌在纽约时代广场打广告，因为那里是全球广告位的制高点，消费者会认为在时代广场投广告的品牌，就可以跻身国际一线大牌。在电视媒体强势的时代，很多品牌也通过在央视投放广告而跻身一线品牌。所以要想在一个城市成为医美行业的头部品牌，就要选择在这个城市广告位的制高点投放广告，比如机场、高铁站、地标建筑等。

② 选择比对手更好的位置

如果竞争对手已经在机场投了广告而你没投，顾客就会认为你的品位不如对方。如果双方都打了广告，至少给消费者留下了一种选择，证明双方实力相当，如果想在顾客心智中占据更高的市场地位，就要比对手选择更大更醒目的广告位，这样的广告投放才更有价值。

③ 一个画面用十年

很多企业的品牌广告画面经常换来换去，看似创意连连，实际却犯了大忌。品牌广告最大的价值是形成品牌心智，而品牌心智需要经年累月地持续积淀，一旦画面换来换去，就会让品牌在顾客心目中面目模糊，广告投放的效果也都打了水漂。在这方面我们要学习家居行业的慕思床垫，咨询界的华与华，我们在机场、高铁站、航空杂志上看到的慕思广告永远是黑色背景上一个叼着烟斗的老头，华与华广告永远是华杉与华楠的照片，即使把文字去掉、把照片模糊掉，我们依然知道这是什么广告，这才是品牌广告最大的价值。

79. 抬高线上体验卡金额，能否筛选出更多优质顾客？

其实，大客是漏斗筛选出来的，而不是体验卡筛选出来的。

适度抬高体验卡项目的定价，的确可以筛选掉一批贪小便宜的羊毛党与过度在意低价的低端顾客，聚焦有限的产能与精力，更好地服务能够产出经济效益的有效顾客。

但是顾客对机构的信赖与认可是一步一步建立起来的，顾客的消费力也是逐步开发出来的，无论消费力多高的顾客，都很难在首次接触一家机构的时候就产生大笔消费。

很多品牌知名度比较高的生活美容机构在做银行异业合作等高端圈层营销的时候，卖给超V大客的体验卡也都是1980元起步，目的就是降低顾客的决策成本，圈定更多的优质顾客进行体验式消费，然后通过合理的销售转化升单逻辑，逐步筛选出优质顾客进行重点开发。

如果缺少这个漏斗筛选的过程，在顾客没有建立充分信任度的情况下，即使有膨胀金的诱惑，也很难让顾客首单即产生大额储值或消费，尤其在新机构、新团队、新顾客的情况下，诸多的不确定因素更会降低这个营销思路的成功概率。

80. 做了一年直播，老客客单价下降明显，该如何解决？

正常情况下，老客客单价都高于新客客单价，因为顾客对机构的信任是逐步建立起来的，多次复购建立信任之后顾客的客单价会有明显提升。

一些机构做了直播之后发现老客客单价下滑的原因在于直播没有分群，将很多低价拓客品项卖给了老客，导致老客手中囤积了大量待消耗的低价品项，给后续升单也带来了困难。

解决这个问题的办法很简单，就是实现顾客的标签化管理，分清每场直播的精准目标客群。用于拓客的新客直播不要邀约老客参与，在面向老客的直播中重点推荐转化升单类品项，只有通过精细化的营销管理，将机构的销售升单逻辑落实到位，才能够解决直播导致的客单价下滑问题。

81．渠道医美机构医生能不能做线上线下面诊？

渠道医美机构的商业模式是B2B2C，通过B端店家触达到C端顾客。对于生美店家来说，一旦渠道医美直接触达终端顾客，就会让他们失去安全感，为了保护自己的顾客资产而选择终止合作。因此不建议渠道医美的医生通过线上面诊直接触达顾客。

但线上营销是社会发展的必然趋势，尤其受疫情影响，顾客的信息获取渠道与消费习惯都逐渐线上化。

基于以上问题，建议可以启动医生个人IP打造，通过视频号与抖音短视频传播医美专业知识、微整操作过程等内容，在店家与顾客心目中建立名医的品牌心智，绑定B端与C端双重顾客，这无论对当下还是未来，都是很有价值的事情。

82．新开轻医美机构能不能利用医生的资源做营销？

做医生圈层营销，不如拥抱线上直播获客。

如果能够招聘到资源好、有能力的医生，将自己的优质顾客资源输送到医院，这个思路是没有问题的，但是具体用什么样的人、能够带来什么样的顾客、如何进行利益分配、怎样锁定顾客……这需要根据我们的战略定位与组织定位来做综合判断。

每一位医生的资源都是有限的，如果通过既有的圈层关系来做线下的人传人营销，首先进度会比较慢，其次可能会带来一定的不确定性，因为医生能够带来顾客资源，离职大概率也一样可以带走。

因此，建议机构可以拥抱线上，重点打造自己品牌的抖音营销，开通多个账号去尝试，比如形象设计账号等，形成营销矩阵，这比线下圈层渠道获客更靠谱。

83. 三线直客机构，乔雅登做到了全省第二，低价玻尿酸还要不要卖？

大多数医美机构顾客的消费力都是存在不同阶梯的，高、中、低档客群都有，在三线城市的年轻客群中，顾客的消费力一般呈金字塔形，如果只推广乔雅登，虽然拉高了品牌的高度，但是可能也会失去一大批消费力水平偏低的顾客。

因此关于这个问题有两个建议：

①建立高、中、低端健全的产品矩阵，满足不同顾客的消费需求；

②通过中低端品牌产品把微整客户的基本盘做大，然后通过科学的销售逻辑与升单路径，筛选出具有高消费力的优质顾客，培养出乔雅登的消费客群。

在这个过程中，无须担心低端品牌推广对乔雅登销售的影响，因为乔雅登的精准客群对这个品牌有足够的认知，也有明确的消费需求，他们一般不会因为机构有更低价的其他品牌玻尿酸，就放弃对乔雅登的选择。

84．皮肤类项目前段引流应该侧重肤色还是肤质项目？

这个问题是没有标准答案的，因为我们的国家幅员辽阔，不同地区的气候环境不同、人们的护肤习惯不同、顾客的皮肤状况不同，不同机构的目标客群也不同，这就决定了顾客对于皮肤类项目的刚性需求有着显著的区别。

比如西部某城市的医美机构曾经主推美白祛斑类项目，聘请了优秀的皮肤科医生、配置了皮秒、黑金、光子等多台正品仪器联合操作，但顾客满意度始终不高。后期复盘才发现该地区气候干燥、风沙较大，而顾客又普遍没有很好的防晒补水习惯，日常饮食新鲜的水果蔬菜摄入也较少，这就导致了皮肤治疗之后没有得到很好的维养，所以效果远低于其他地区同类顾客的治疗，自然也就谈不上后续的升单深挖。

其实想要知道具体选择什么样的项目引流更合适并不困难，主要分为两步：

①目标客群调研

找到精准的目标客群进行有针对性的市场调研，了解他们日常的护肤习惯、对皮肤的关注点、对医美护肤的需求等，找到最符合顾客消费需求的引流品项。

②行业数据了解

与当地的美团业务拓展人员进行深度交流，了解所在城市的皮肤类项目销售数据、品项排名、项目投产比等等，找到皮肤类项目最精准的投放方案。

第三部分 03

运营篇

OPERATION CHAPTER

公域流量是买水,私域流量是打井,起步阶段买水的同时自己打井。

—— 勇者说

85．如何更有价值地服务高净值客户？

高净值客户，是指个人或企业的金融资产达到一定标准的客户，通常是指金融资产超过100万元以上的个人客户或企业客户。高净值客户不仅是银行、证券、保险、信托等金融机构争夺的重点客户群体，也是医美机构，尤其是品质医美机构重要的业绩与利润来源。

因此，如何服务好高净值客户是医美机构包括老板本人需要花费大量精力去思考与落实的工作。

高净值客户最看重的不是钱，而是钱买不到的价值与服务。所以，服务好高净值客户的核心，是为他/她提供情绪价值，以及容易产生依赖性的、不可替代的服务。

在这里提供几个案例给大家作为参考：

案例1：

某连锁双美机构，在所在城市的农村承包土地建了自己的农场，从国内外引进品质优良的水果与蔬菜品种进行栽种，并将这些高品质的有机农副产品作为会员权益配送给机构的高净值会员，让会员感受到不可替代的价值，并逐渐产生依赖性。

案例2：

在汇成医美旁边有一家小厨娘甄选，我是这家餐厅的资深会员，不仅大多数商务宴请都选择在这家餐厅，而且在小厨娘诸多连锁门店中，只选择在这一家店持续充值。

这种信赖关系的建立基础并不是这家店的菜有多好吃，也不是因为价格能打几折，而是因为这家店为我这个超V大客提供了两个不可替代的价值：①无论用餐到几点钟，永远不会被催促离席；②为了保持口味新鲜吃不腻，可以定制化做出菜单上没有的菜式。

案例3：

某医美机构每次在针对高净值客户举办的活动结束后，都会拉出所有未触达客户与已触达未成交的顾客名单，并列出如下信息：未触达的原因是什么、顾客的成交抗拒点在哪里、顾客在企业里最信任谁、顾客最喜欢什么样的服务、顾客最适合什么样的成交场景……并且做出定制化的服务方案。

因为一旦高价值顾客在销售成交方面出问题，就说明原有服务的人员与服务策略不能满足该顾客的需求，需要立刻转换客户归属权，换人、换策略进行服务。

86．企业的薪资、产品、引流成本占比多少合理？

医美机构的薪资占比受到城市经济发展水平、所处区域人才招聘难度、市场竞争状况与企业发展阶段等多方面变量因素影响，因此没有严格的执行标准。

根据我们对医美行业的了解，一般来说：一线城市薪资占比多在30%～35%、二三线城市薪资占比多在25%～30%、四五线城市薪资占比20%～25%。

很多企业初创阶段因为业务量不饱和，很多绩效岗位需要靠保底工资来留存，因此薪资占比较高，一般为35%～40%。随着企业的发展成熟与业务量的饱和，薪资占比逐步降低，发展中阶段薪资占比多为30%～35%、成熟阶段薪资占比可以降到25%～30%。

以上数据都仅供参考而已，因为每家机构的经营状况不同，利润率与薪资占比也有明显差异。

需要特别强调的是，不建议企业过度重视薪资占比的数据。

因为压缩薪资占比的背后往往意味着降薪裁员、压缩招聘计划、降低人才储备数量，这些举措或许在短期内能够为企业增加一部分利润，但长期来看势必会降低企业未来的发展潜力。

87. 渠道医美怎么样才能持续深度锁定店家？

永远不要期待渠道机构能够与生美店家建立绝对的依赖关系，所谓的忠诚只是背叛的诱惑还不够大而已。

与其考虑怎样绑定店家，不如思考如何锁定顾客：换位思考，假如自己是终端顾客，对于自己机构的服务是否满意，是否会产生依赖，是否愿意产生持续消费……

如果以上的答案是否定的，那么就向内求，如何提升品牌形象、如何提升顾客服务、如何在技术效果上做到更好？怎样才能够给顾客一个不去别家的理由？怎样才能让在你家消费过的顾客再去其他机构都感觉很不够档次？

如果顾客只是消费一次就再也不想来了，店家爱带到哪里就带到哪里，那么你永远没有办法跟店家建立可靠的合作关系，永远都被店家牵着鼻子走。

88. 渠道机构代理商垄断了高净值客户，但很久不再产出业绩，应该如何破局？

这个问题的解决思路首先是要向内求，深度复盘与代理商的合作，分析不再产出业绩的原因，判断是可以解决的问题还是不可调和的矛盾。

导致代理商不再输送业绩的原因除了分成比例之外，常见的就是在客单价、成交率、顾客服务品质、医生交付效果等方面的问题。这些反馈如果是客观存在的，就必须努力整改提升，因为无论与谁合作这些问题都是企业的致命伤，任由其存在会不断降低企业的竞争力。

如果与代理商的合作已不可挽回，就要努力争取与生美店家建立直接合作，但是不建议大张旗鼓地撇开代理商直接面向店家开招商会，而是应该分步骤进行：

①搞定意见领袖

借助各种关系与这批店家中的KOL（意见领袖）进行沟通接洽，在不改变分成比例的前提下，竭尽全力建立合作关系。

②打造成功标杆

匹配最卓越的团队深度下沉、高效赋能，定制化服务KOL的门店，搞定标杆客户，产出令人惊艳的业绩，以专业与实力赢得店家的信赖。

③口碑赢得市场

将合作成功的标杆机构店家发展为自己的口碑官，利用人的从众心理实现合作破局，发展更多的合作店家。

最终能够帮助机构赢得市场的核心点，永远不是套路与分成让利，而是专业与实力。因此机构必须重视审美与技术，死磕会员服务，这样才能够赢得店家与顾客的信任，为自己打造出不可替代的价值。

89. 机构想要推进标准化业务流程建设，推进中有哪些注意事项？

业务流程标准化的建立是一件难而正确的事情，既需要老板的高度重视也需要团队的认同与参与，在这个过程中还可能遇到各种阻力与障碍，在项目开始之前有如下几点提醒：

① 一把手工程

流程标准化建设是企业在精细化运营管理与连锁化经营扩张筹备方面的重点工作，老板必须亲自参与并驱动，否则很难真正落地。

② 团队共创

建议企业组建专门的流程标准化小组，小组中既需要核心管理层参与，也需要各岗位一线员工的共创，才能够真正贴近业务需求。

③ 独家定制

不要试图复制其他机构的业务流程，因为每家机构的流程与执行标准都各不相同，就像别人的衣服套在自己身上肯定是别扭的，真正的流程标准不是生搬硬套，而是建立在自己企业的业务流程之上进行优化与固化，才具备真正的落地价值。

④ 优化迭代

流程标准化的梳理不是还原企业当下的流程，而需要带着复盘的心态，找到当下流程的堵点与断点去进行优化与完善，才能够推进企业流程的精细化运营。

⑤ 顾客视角

流程标准建设不应该基于企业当下的组织架构，而应该站在顾客的视角，依据顾客的体验流程进行梳理完善，一切以顾客为中心，以提升顾客体验感与满意度为标准去推进。

⑥绩效支持

流程标准的优化,很可能会涉及部门/岗位分工的调整甚至组织架构的变革,这就牵涉绩效激励制度的调整与监督机制的完善。

⑦MVP验证

为了提升团队对流程的认知与参与热情,可以先从一个小的流程开始进行MVP,跑通之后再逐步推进其他流程进度

⑧绝对权威

比流程标准化制定更艰难的事情是流程的落地实施与持续跟进完善,流程一旦确立之后,就要在企业中拥有绝对的权威,员工可以对流程提出意见和建议,但是在新的流程版本出台之前,一切工作以流程作为衡量标准,对拒不执行流程者,无论高管还是员工都要淘汰。

90. 初创期渠道机构,新入职的高管抓业务流程标准化建设合适吗?

企业的流程标准化建设是一件重要但不紧急的工作。

从理论上来说,每一家机构都需要拥有一套标准化的业务流程体系,但是在企业的不同发展阶段,这件事情的重要程度是不同的。

在企业初创期,最重要的是解决生存的问题。老板与高管的主要任务要ALL IN业务,死磕有效店家数量与精准顾客数量,建立健全店家转介绍机制,打造成功的标杆店合作案例,建立完善的业绩产出模型,拉出单月业绩峰值。

待业绩稳步增长,企业生存问题解决之后,再开始逐步强化流程管控。在企业的不同发展阶段,老板在业务结果与过程管控两个方面的精

力分配是不同的：

①初创期：70%的精力用于业绩结果，30%的精力用于过程管控；

②发展期：30%的精力用于业绩结果，70%的精力用于过程管控；

③成熟期：50%的精力用于业绩结果，50%的精力用于过程管控。

91．会员中心的服务可以分为哪几个层面？

会员中心的服务可以分成三层：

第一层是服务层，让顾客感知到自己享受了特别的服务，她的求美方案都是由更专业的人来做专属跟进的；

第二层是运营层，运营其实是基于非会员和会员两种运营的行为：非会员的运营行为围绕六芒魔阵[①]上面的倒三角来运转，主要完成引流、种草、蓄水，然后漏下来成为会员，依据RFM模型将顾客从一般价值序列发展为重要价值序列；会员的运营主要围绕六芒魔阵下面的三角做价值交付，依据RFM模型将会员分为重要价值、重要发展、重要保持与重要挽留，并进行定制化的服务。

第三层是创新层，依据核心老客的意见反馈，对企业的产品理念、技术方案、套餐组合进行复盘反思，实现产品版本的迭代创新，为企业保持持续创新的驱动力。

[①]六芒魔阵模型是由汇成医美教育创始人孙多勇导师研发设计而成，该模型是企业产品矩阵与销售升单逻辑的图表化呈现，从战略级单品到向上体验转化、向下深挖再挖，两侧扩展边界，形成从新客引流到老客持续升单以及锁客循环的产品矩阵体系。

92. 区域头部机构，顾客资源严重透支，如何找到新的增长点？

头部渠道医美机构的业绩保障来自年产值200万以上的优质老店，但这部分老店的业绩60%～70%来自优质老客。因此，让老店持续产生业绩的核心在于激活并持续保持老客的消费力，让他们产生持续的业绩贡献。

想要完成这个目标，可以从以下三个方面入手：

① 提升品项创新能力

越是头部的渠道机构，在顾客的心智中越要接近直客医院，医生权威化、材料透明化，而且要持续推出新品项才能够持续开发老客的再消费，否则企业就会增长乏力。

但这个创新不是给之前的品项换个新的名字，这种换汤不换药的所谓"包装"不仅会让顾客产生倦怠感，更会让员工缺乏信心度。而是应该从产品、技术、审美、顾客体验与效果呈现的角度，给顾客可感知的全新体验与效果。

② 创造衍生价值

机构销售的是产品、部位和品项，而顾客购买的是美丽、年轻、健康与情绪价值，因此要深度思考机构能够在品项之外为高端求美者创造出什么样的衍生价值，会员制营销就是交付这个衍生价值的平台。

③ 提升品牌高度

越是高端的顾客，就越是对机构的品牌高度与实力有更高的要求。这就需要机构持续提升自己的品牌力，为顾客每一次的返院和消费提供更好的体验与更惊喜的服务。

93. 区域头部机构推出2 980元/张体验卡，是否可行？

体验卡的设定并不是一个简单的营销行为，而是要匹配企业的战略定位；体验卡定价的高低，决定了机构能够获取到什么样的顾客，因为体验卡与成交客单价之前存在1∶10左右的比例关系，降低体验卡金额则意味着降低顾客的品质。

一个企业的地位取决于你能不能做到别人做不了的事情，企业想要到达竞争对手到不了的高度，就需要团队能够打赢别人打不赢的胜仗，这样才能够彰显出品牌的实力与高度。

从转化升单率来看，这张体验卡对于机构的经营销售是非常有价值的。想要把这张卡卖好，可以从如下几个方面入手：

① 统一思想

对于市场团队来说，体验卡金额越高越难卖，9 800元/张的体验卡销售对于市场团队意味着需要更高的专业知识与销售能力。为了减少来自销售岗位的阻力，需要与团队充分同频、统一思维，让他们理解体验卡的销售不仅是为了增加新客数量，更是为了筛选有效顾客，企业既然定位高端、专注服务高净值阶层，就必须通过定价高的体验卡来筛选出精准的目标客群，一旦降低体验卡定价势必会降低品牌心智与品牌势能。

② 明确画像

定价9 800元的体验卡不可能在生美门店的顾客中实现普及，如果没有清晰的目标画像，让生美团队和美导老师漫无目的地推销，很可能在几次失利之后就对卡项失去了信心。因此要求机构运营制定出明确的顾客画像与客情分析，由市场美导老师带领店家对店内的顾客资产进行深度盘点，锁定精准的目标客群进行销售，不允许员工向目标名单以外的顾客进行无效推销。

③ 死磕打板

让员工对体验卡销售建立信心最直接高效的办法就是打板，有效的打板不仅能够让员工对品项效果建立信心，而且能够在售卡过程中分享自己的案例与同事的案例，以真实的案例效果来感召店家与顾客的信赖认可。

④ 下沉一线

当市场一线售卡遇到障碍的时候，运营需要做的事情不是盲目地根据市场反馈调整卡项，而是客观分析当下卡项设置是否有问题、是否有必要调整？如果确认卡项设置无须调整，就要着重去解决售卡难题。

建议运营负责人陪同市场老师下店，深入一线找到售卡问题的卡点、剖析顾客的抗拒点，制定具体的问题解决方案。

⑤ 沉淀经验

虽然市场反馈9 800卡整体销售不理想，但事实上依然有部分优秀的员工卡项销售表现比较优秀，成功输送了一批优质顾客并开发出了理想的业绩。

运营负责人可以对售卡表现优秀的员工进行表彰，并与他们深度沟通复盘，剖析出有价值的售卡经验，沉淀出标准的售卡步骤、销售话术与答疑技巧等，总结出一套切实有效的售卡手册，实现标准地输出。

⑥ 培训通关

售卡标准形成之后，要对所有参与售卡的市场员工进行系统的培训，还有一对一的销售演练，考核他们是否具备话题切入、价值塑造、抗拒答疑的专业能力，必须完成通关之后才能够见客，避免对顾客资源的浪费。

94. 医美运营官这个岗位，未来有发展潜力吗？

运营是医美机构中最重要的岗位之一，可以帮助企业实现营销目标、提升产品品质、优化运营效率、提升客户留存率等，既为企业创造直接的经济价值，又为企业的发展做出重要贡献。

如果说战略是做正确的事情，那么运营就是把事情做到正确，通过市场调研与数据分析，为企业提供战略决策支持，帮助企业把握市场机会，应对市场竞争。

优秀的医美运营官是行业的稀缺人才，运营想要持续为企业创造价值，需要做到以下几点：

①让自己的认知水平始终跟得上行业发展的趋势

医美行业发展迅猛，市场竞争瞬息万变，如果抱定经验主义，拿过去的成功经验来应对今日的市场格局，势必会在竞争中被淘汰。

②具有用户思维、能够做好顾客体验感

医美作为顾客非刚性的消费需求，顾客普遍有着功能性需求以外的体验型需求，越高端的顾客对体验感的要求越高。所以医美运营官需要具备用户思维，全流程推进顾客体验感的提升，将体验感与情绪价值打造为品项的溢价空间。

③具备线上引流与IP打造能力

无论对于直客机构、双美机构还是渠道机构来说，线上IP打造与顾客引流都是机构运营的刚需，掌握这两项技能才能够让医美运营更具未来价值，所以运营官必须修炼自己的这两项技能。

95. 直客机构连锁门店的价格体系需要统一吗？

从理论上来说，连锁门店建议价格统一，这样才更有利于实现技术与服务的标准化。

但是如果门店的经营能力、服务能力、医生技术水平等方面参差不齐，就很难做到价格统一，所以要具体情况具体分析。如果罔顾客观事实，硬性追求价格标准化，就可能对相对弱势的门店业绩造成较大的影响。

各门店之间的品项价格差也要有充分的依据，在产品、仪器、模式都同质化的情况下，建议通过操作医生的不同等级来拉开价格差。

如果连锁机构中的门店定位有中端也有高端，采用不同的价格体系，那么高端店的优秀医生作为高客单价品项的价值支撑依据，不建议到各分院轮诊，否则单靠服务的差异化，很难做出臻选店的高客单价，因为服务最高也只能支撑15%的溢价空间，如果再高顾客就很难买单了。

96. 医美机构有大量沉睡老客如何激活？后续部门及绩效该如何推进？

如果沉睡老客基数较大，建议建立专门的老客激活中心。激活中心的负责人画像要求：有一定的专业基础与销售能力、善于建立客情关系、目标感与执行力强。

激活中心可以与皮肤科相结合，通过赠送皮肤项目邀约沉睡顾客回院，由激活中心负责接待服务，前两次不做任何销售动作，只通过客情服务与专业沟通建立顾客信任，改变顾客曾经的印象与认知，从第三次开始切入销售。

另外，不建议激活中心与新客网咨合并为一个部门，因为网咨主要负责新客线索上门，激活中心主要负责沉睡老客激活与历史预存款追耗，他们的工作分工与工作重心有明显差异，绩效激励也有所区别。

老客激活要设立专门的绩效激励，如果是无储值的老客激活后重新消费，可以给予比新客成交更高的绩效提成，因为这部分老客是没有高额的获客成本的，激活成交的难度高于新客；如果是有储值的老客追耗，可以给比新客成交略低的激励，具体的绩效比例可以依据机构具体的薪酬体系来定。

老客激活绩效仅限12个月内，12个月之后再产生的销售业绩可以回归正常的销售提成比例。

97．双美转型的直客机构，如何规避价格冲突？

在做品项体系规划与品项定价的过程中，我们通常有两种思维模式：

利己思维——渠道顾客卖包装过的品项，直客就产品卖产品、就设备卖设备。这样做有一个隐患，渠道顾客也会通过线上去获取医美信息，一旦他们发现同样的品项存在不同的价格，就会感觉受到伤害与欺骗。

利他思维——把所有品项价格降到社会大众客能够接受的价格，这样做的问题是容易把大客卖成小单，影响机构的业绩与利润空间。

因此我们建议，拓的维度与留的维度相结合来进行品项定价：把机构的品项分为三档：

A类品项——用于美团等线上平台的拓客引流，这类品项需要满足：刚需、高频、体验好、效果佳、可转化、零毛利六大标准，考虑到广告法等相关约束，这类品项无须包装系数，就仪器卖仪器，就产品卖产品即可。

B类品项——用于线上初复诊顾客的转化留客，与引流项目之间存在一定的转化升单逻辑，定位于大众普遍能够接受的价格，可以有一定的包装系数，也可以没有。

C类品项——提升深挖项目，也是机构的利润品项，品项特点是包装系数高、有较大的溢价空间，主要销售给价格敏感度低的持续复购老客。

对于双美转型的直客机构来说，线上顾客通过A类品项引流、转化升单B类品项；内渠优质顾客可以直接引流到提升深挖的C类品项，内渠普通顾客可以通过B类品项转化至医美消费，再深挖C类利润品项。

98．二线渠道机构，明年想启动会员制，需要做什么准备？

对于渠道医美机构来说，通过启动会员制来持续锁定优质顾客，是一条正确的转型路径。但是会员制营销并不是每家机构都能够做好的，既然计划向这个方向转型，建议做好以下五个方面的准备：

①数字化的信息系统

会员体系的规划、会员的分层分级、会员权益的设定等，都需要经过对历史数据进行科学而精细化的分析盘点，才能够做出客观科学的规划，因此需要提前准备好详细而精准的历史数据。

②在经营区域内具备会员与非会员的区隔

会员与非会员、高星会员与低星会员之间的区别不仅在于价格与权益品项，更在于服务体验，因此拥有独立的会员服务区域尤为重要。如果机构近期有装修准备，建议提前规划好会员服务专区，让高星会员享有独立的区域。

③源源不断的客流量

会员制的核心功能在于"拓、锁、升、挖、激"，无论锁客、升单，还是深挖顾客消费潜力，激活沉睡老客，都是建立在足够的顾客基数基础上，因此想要充分发挥会员制的作用，应该提前建立完善的拓客引流体系，形成会员的正向循环。

④打好理论基础

很多机构会员制开展不起来的原因，一方面是对会员制一知半解、没有形成深刻的认知，不知道需要付出怎样的努力才能取得理想的成果；另一方面在于管理层没有形成深度同频，每个岗位都基于自己的眼前利益思考，遇到问题就打退堂鼓。

想要避免这些问题的出现，最好的办法在于提前带领团队学习，系统了解会员制专业知识，实现团队高度同频，在授课导师的指导下科学搭建会员体系。

⑤提前物色会员中心的负责人选

会员中心负责人的岗位职责包括：会员权益交付、会员资产管理、会员活动策划执行等，这个岗位不仅对能力要求比较全面，而且要求拥有较强的目标感与自驱力。这个岗位如果从外部招聘，需要提前培训品牌品项相关知识，并且完成与团队的磨合；如果从内部选拔，需要提前学习会员制相关知识。

图1 激活会员消费举措

99. 要怎么样才能做到真正的降本增效？

首先，"降本增效"其实是个伪命题，对于医美机构来说，真正需要的是"增效降本"，"增效"在前，"降本"在后。因为：降本不一定增效，但增效，一定降本！

如果医美机构把"降本"当作第一优先级目标，单纯地强调成本控制，会带来两个方面的影响——

对机构长周期发展的影响

对于机构来说，最容易产出"降本"成果，而又对机构当下业绩不造成直接影响的部门，都是打造机构未来竞争优势的业务板块，比如产品研发、数字化部署等。短期来看，"降本"成果显著，长远来看优势日渐薄弱。

对整个组织稳定性的影响

很多机构在"降本"的时候最先考虑的是裁员，尤其是大规模裁员短期内可以让机构节省一大笔薪酬支出，但是从长远来看，会让员工感受到一系列的不确定性，他们的理想主义破灭，变得谨小慎微、害怕犯错，失去了创新动力。

所以说，"降本"不一定"增效"，机构需要建立全局视角，来看待降本，用发展视角和增量思维，去思考如何聚焦在"增加效能"上，来增强机构的核心能力。

那么，到底要增什么效？如何增效？我建议从三个方面入手：

① 打造更高效的营销方式

随着互联网带宽的升级，3G、4G、5G不断更迭，我们从文字图片时代进入视频时代，未来互联网上80%的带宽跑的都是视频信号，所以短视频直播一定会成为各行各业的触点，它能帮我们医美机构缩短客户的学习认识时间，增强和客户的沟通效率。

② 设计更通畅的服务流程

在机构的客户投诉中，有80%的原因是服务不通畅、等待时间久。所以，要从客户未满足的节点入手去倒逼经营、提高运营效率，拆分出不同品类的服务时长；将整个服务环节中的触点拆解、人的时间拆解，配合数字化工具进行记录，把客户从进店到离店时间，整体降低30%甚至更多。

当机构减少了客户等待和治疗的时间，客户的满意度就会提升，机构的产能坪效也会提升。

③ 建立更短的销售链路

医美市场的客户需求千变万化，但是未来5年内有一件事是确定不变的：那就是客户希望支付更少的费用买到更好的产品。现在客户的购买成本一直居高不下，很大一部分成本是分摊在销售渠道上：各种平台分诊、各个代理分钱。只有缩短了触达路径，去掉大量的中间环节，才能把客户项目的支付成本降下来。

以上这三点思考，是从客户角度出发，看待机构如何增效，因为只有获得客户的认可，才能实现客户价值驱动机构高速发展。

100．医生要怎么样才能远离医美纠纷？

大家都知道，医美行业的纠纷是具有普遍性的，一方面顾客四处维权，一方面医美机构叫苦不迭，那作为机构的医生们，怎样才能最大程度规避纠纷呢？

① "门当户对"的美学观点，是正解

审美门当户对，相处才能平安无事。今天可以流行网红脸、明天可以流行高级脸、幼态脸……

美从来没有一个固定的模式，一个人的审美认知也是很难改变的，很多医生会以自己的审美眼光去说服顾客，顾客碍于医生的权威，当场就依从了医生的主张，但因为术前没有统一思想，纠纷概率就会大大增加。

医美行业的医生，除了要具备精湛的技术和高阶的审美，还要懂得尊重每个顾客的长相特点，要结合顾客的性格、工作环境、审美需求，去充分沟通，探听出顾客真正关注的焦点和隐性需求，在审美层面与顾客达成共识。否则，就干脆别接这个活儿了。

② "什么都要"的心理预期，要降低

人体结构上的改变要比想象中复杂得多，顾客想做到什么程度是一回事，实际上能做到什么程度又是一回事，有些改变是可行的，有些是不可行的。不是所有人都能做成章子怡的脸、迪丽热巴的鼻子。

因此，一个成熟合格的医生必须要考虑实际情况。所以医生在手术前，要让顾客清楚地认识到，医学是有局限性的，有的能做、有的不能做，能做的如果恢复期不配合，也可能造成不好的效果。

在手术前，就要告诉顾客，能做到什么程度，帮助其认清自己的自身条件，避免其追求不实际的结果；如果达不到顾客心理预期，要勇于说"不"，降低顾客的心理预期。

③ "看似简单"的返工活，应谨慎

某位医美大咖曾经说过一句话：现在医生和患者就是猫和老鼠的关系，医生提防着被患者告，患者怕被医生坑着多花钱。

双方本来就处于一种很难完全信任的状态，所以对修复诊疗，一定慎之又慎，因为医疗责任是链条状的，人们会自然地认为谁是最后动手的谁就是最大、最直接的责任方。

所以无论这个修复手术你多有把握，在书写知情同意书的时候，也要把丑话说在前头，千万不能把话说满，最好的办法，是事先将所有可能的不良后果都说清楚，如果患者退却了，不必挽留，勉强治疗的结果就是纠纷。

还有一种特殊情况，患者的修复治疗由第三方买单，这个时候，可千万别想着赚钱，或者对患者的所谓"同情"，修复的方案要中规中矩，不要一股脑儿地往对方身上堆项目，修复的项目堆得越多，越容易出现纠纷。

④ "多小多轻"的同行坏话，也不说

同行其实就是另一面的自己，说同行坏话其实就是拆自己的台。消费医疗中，患者往往会在几个医生中做选择，医生为了获客，有的时候会不由自主地评价同行，压低别人抬高自己。但是你压低了别人，别人也会用同样的方法对付你，不但跟同行结仇，更增加纠纷率。也有部分咨询师为了业绩，想用同行不好的地方来抬高我们自己家的机构。

所以，医生一定要尽量了解咨询师到底和患者说了些什么，是不是给自己挖了坑。一般咨询师说了别的医生或机构的坏话，账都会算在做手术的医生头上。

咨询师们也要注意，贬低同行不一定能给你增加多少业绩，但增加麻烦是一定的。

101．如何避免优质顾客突然"消失"？

医美属于消费医疗的范畴，既不是顾客的刚性需求，也不是迫切需要解决的问题，因此顾客在消费的过程中受情绪因素影响比较大。比如某机构沙龙会现场，一位消费力非常强、提前铺垫很充分、基本锁定现场会刷大单的顾客，现场不仅没有消费，而且满脸不高兴地走了，所有人一脸茫然之余，安排最熟悉顾客的员工打听之后才知道，仅仅是因为主持人互动的时候扔了很多小毛绒玩具，但是这位顾客抢了半天都没有抢到，所以完全没有消费的欲望了。

其实这种案例每天都在不同的医美机构频繁上演，等待时间长、现场太嘈杂、员工脸色不好看、洗面奶品牌太低端……很多看起来不起眼的问题，都让机构失去了顾客的好感度与刷卡的欲望。

经营医美机构，其实就是在经营客户的情绪，你的机构、产品、服务是经营客户情绪的场景和载体。

当客户的需求被满足了就愉快，不满足了就不爽。比如在一个大夏天，房间里没开空调，你就会觉得躁动不安，这个就是不爽的表现，当房间的空调打开了，温度慢慢降低下来，你也变得轻松舒服了，这个就是愉悦的表现。

我们机构的经营工作，就是通过产品和服务建立与客户的关系，通过产品来服务人，其本质就是客户是否通过你的产品和服务得到了满足，经营者可以通过满足、愉快、不爽这三个关键词，来度量我们机构运营做得到不到位。

比如你的皮肤美容科，一到周末就人满为患客户扎堆，平均等待时间都要超过半个小时以上，客户一直在催促和抱怨，客户的就诊没有得到满足，表现出不爽的情绪，这时候机构需要优化预约流程与服务内容、缩短顾客等待时间、提升顾客等待期间的体验。

再比如周末虽然人多等待时间长，但是在等待治疗的间隙，可以安排客户在一张按摩椅上进行20分钟的放松，客户体验很好，他会觉得这是医院的服务，对此也表示很愉快。虽然你没有解决客户的等待时间问题，但是你让客户等待的过程变得轻松、愉悦了。

所以，当你的机构做出一个产品或者一个服务时，可以亲自去体验一下有没有被满足的感觉，判断这是一个非常好的服务，还是一个勉强的服务。

102．医美机构怎么样才能做好客户的全生命周期管理？

私域到底对医美机构有多重要，你可以这么去理解：公域就是自来水，给钱就出水，缺点就是越用越贵，而私域是自己挖井打水，前面辛苦一点，需要花钱找人挖井，但这口井是完全属于你的，用水是免费的。

做私域运营的核心，在于做好顾客的全生命周期管理，每个客户都是有"生命"的，从接触产品开始，到离开产品结束。而这里的产品，不是狭义理解的一支玻尿酸、一次水光针，而是医美机构为客户提供所有服务的统称。因此客户的生命周期管理，应该以客户为中心，围绕客户消费路径来设计。

从全局视角来看，客户生命周期其实是客户处在不同阶段的表现，包括种子期、成长期、成熟期、留存期、流失期。不同的项目和服务，在每个周期阶段的行为也不同，可以从医美项目和服务流程来进行划分：按照是否需要手术，可以划分为手术类和非手术类。

手术类项目因为风险相对较高，呈现低频高价的消费特点，非手术类项目风险较低，呈现高频低价的消费特点。在邀请顾客到店后的服务流程上，非手术类项目主要通过项目体验，引导客户办理会员或刺激周期性购买，而手术类项目则是术前的面诊制定方案、术中治疗、术后回访。

每一个客户阶段，我们要去思考客户此时的目标和预期是什么？客户会采取什么样的行动路径？我们如何与客户建立服务触点？

设计出客户生命周期并不复杂，复杂的地方在于需要建立相对标准化的SOP流程及配套的产品工具，并需要建立跨部门合作及沟通机制，确保落地执行到位，共同为客户负责。

103. 面对对手的无底线价格战，要怎么应对？

"价格战"一般是指企业之间通过降低商品的市场价格展开商业竞争的一种行为，也泛指通过把价格作为竞争策略的各种市场竞争行为。

价格战是现代企业一种非常重要的销售手段，也是医美机构常用的竞争手段。当竞争对手采用无底线的价格战来抢夺市场与顾客的时候，我们不应该盲目跟风，因为降价是没有底线的，机构一旦陷入价格战的漩涡，最好的结果也就是赔本赚吆喝的"惨胜"。

那么应该如何应对竞争对手的价格战呢，建议如下：

① 固守品牌战略

对方因为无底线的价格战而抢到的顾客，可能根本就不是你的目标客群，因此不要轻易被竞争对手的打法扰乱了自己的品牌战略与竞争策略。

② 找到差异化价值

低端顾客在意低价、中端顾客在意性价比、高端顾客在意品质与体验感，避开价格战最有效的办法就是放弃对低端顾客的争夺，固守品牌定位、开发高利润产品、提升服务品质，专注为中高端顾客创造差异化价值，抓住机构的利润重心。

③ 推出"战斗机"品项

很多高端品牌在面对竞争对手价格战的时候会推出低价"副品牌"，在阻击竞争对手、抢占市场占有率的同时，避免对产品品牌形象的伤害。

如果竞争对手带来的价格战不可避免，可以采用分级定价策略，以灵活的方式来应对，比如降低部分商品或者服务的价格，适当开发低价的"战斗机"品项，比如引进低价玻尿酸品牌等，满足价格敏感度高的低端顾客需求，保持主营旗舰品项的价格坚挺。

104. 渠道医美高拓客成本导致溢价，透明化政策下还有机会吗？

首先要明确一点，医疗美容属于消费医疗的范畴。而消费医疗泛指非公费、非治疗性的、消费者主动选择实施的市场化医疗项目，具有单次消费价格高、复购频率高等特点。

与基础医疗相比，消费医疗属于奢侈品的范畴，符合奢侈品"高价格、稀有性、满足尊崇感"等特征。

而奢侈品永远不缺顾客。在新冠疫情的持续影响和俄乌战争的阴影笼罩下，全球消费总体趋冷，而无论是国内还是全球的奢侈品营收却不降反增，足以证明这一点。

渠道医美机构想要在残酷的市场竞争中存活下来就必须将奢侈品的属性特征做足，满足高端顾客的消费需求。在这里我们可以参考一些高端餐厅的经营策略：

现在越来越多的高端餐厅没有菜单，也不接散客。顾客无须点菜，只需要在单人600、800、1 000、1 200中选择消费等级，餐厅即会根据消费需求进行配菜。

为什么如此不透明的消费，依然能够获得高端顾客的青睐，原因在于：装修豪华、服务周到、菜品精致，能够给顾客带来尊崇感。品牌背后彰显的价值是：吃什么不重要，吃得尊贵才重要。

对于今天的渠道医美机构来说，想要把自己打造成高端品牌奢侈品，就必须从高端顾客的消费需求与体验感入手，拓客成本高不能作为品项贵的理由，只有做到环境高端、技术精湛、审美卓越、服务周到，让顾客感受到尊崇感，才能够锁定高端顾客的消费需求，免于被市场竞争淘汰。

105．怎么提升单店专场会的业绩？

如果机构单店专场会议持续做不出满意的结果，建议对已经完成的会议进行深度复盘，找出业绩不理想的原因，进行针对性优化。一般来说提升单店专场会销的业绩主要从几个方面入手：

①精选优质店家

并非所有的生美店家都适合做市场单店下沉会，一般情况我们建议从几个方面对店家进行筛选：

A. 门店经营年限：至少营业一年以上，才能够拥有一定的优质顾客积淀；

B. 门店日均客流：拥有一定的客流保障才有下沉的意义和价值；

C. 老美容师占比：一般要50%以上的老美容师，才能够拥有较强的配合执行力与体验卡自销能力；

D. 合作认可度：认可机构的企业文化，建立信任度才能够配合各项工作的开展。

②顾客数量保障

一场下沉会能否成功的重要考量指标是邀约到多少已购体验卡顾客上门。顾客已购买体验卡，一方面意味着前端已经进行了充分铺垫，顾客对机构与品项已经有了一定的认知，现场咨询成交难度更低；另一方面意味着顾客已经有了一定的沉没成本，到场率与成交率都有了充分的保障。

③优化会销流程

下沉会不是会销当天的事情，而是贯穿了前中后的一体化流程，从前端合作洽谈、数据调研、品项选择、会销启动、爆卡预售，到会中氛围布置、协同销售、流程衔接、咨询成交、医技交付，到会后复盘总结、售后跟踪，每一个细节都有可能影响业绩的成败，因此要通过不断的复盘完善来优化会销流程，保障业绩产出与持续良性增长。

④ 提升团队能力

单店下沉会是一项苦活累活，需要一支能打硬仗的铁军团队来深度下沉，才能够保障业绩产出。因此建立标准化业务流程、提升团队下沉能力是一项持续的重要工作。

106. 18年生美老店，拥有大量沉睡顾客，应该怎样激活？

老客资源是机构重要的经营资产，也是机构沉睡的宝藏，老客激活是机构运营中重要的工作内容，具体的工作重心分为如下几步：

① 设立顾客激活部

很多机构之所以会出现老客流失与沉睡，原因在于没有专门的人与专门的部门来负责这件事情，咨询师的主要关注点在新客与优质顾客，咨询师助理与客服部门的关注重点也在相对活跃的顾客。因此，当机构有大量沉睡老客需要激活时，建议设立专门的顾客激活部。

② 挑选激活部门领头人

顾客激活部门领头人的胜任力模型包括：具有较强的沟通能力与团队管理能力、能够调动机构内部资源、对老客比较熟悉、具备较强的目标感与自驱力。因此建议在生美区总以上级别的人员中选拔。

③ 组建老客激活团队

从生美团队中优选资历较深的美容顾问，或者感召已离职的优秀生美顾问"倦鸟归巢"，组建老客激活团队。

④启动顾客激活工作

激活团队的工作流程包括：

A. 历史沉睡客户资料分析；

B. 重新与这些客户建立联系，加企业微信；

C. 根据顾客历史消费和需求，通过企业微信赠送相应项目套餐（只包含医美项目）并触达顾客；

D. 陪同返院老客体验医美项目，并建立客情；

E. 铺垫医美项目消费需求，实现转化升单。

107. 渠道机构经营不善，问题颇多，怎么样才能减少损失？

持续不能盈利且短期内没有盈利希望的机构，建议尽早放手。如果短期内难以关停或者转让，当下最重要的事情是基于现有的资源，寻找一条合法合规的盈利路径，综合考量未来医美行业发展趋势，共享医美可能是最优解，理由如下：

①需求端：顾客可以通过线上平台获取信息，以合适的价格，在严格监控质量的平台上接受合适的医生提供的医美服务，医生可以通过口碑营销实现精准获客，而且能够"轻装上阵"地实现自主创业。

②供应端：医美机构可以在几乎不增加人力投入与运营成本的前提下，充分利用现有的场地、设备、相关配套检测、护理团队，为需求方提供合法安全的医美操作场地，并获取稳定合法收益。

③链接端：医美共享平台可以通过互联网平台将海量、分散的专业化医疗资源整合，让医美更透明且高效，进而增加医美平台利润、提高

医生收入、降低消费者消费支出，实现医生、医美机构、消费者共赢的局面。

具体的操作建议如下：

①团队配置：砍掉现有的市场与咨询团队，只保留护士与2～3个市场公关人员；

②合作画像：有下沉操作会的渠道医美机构、没有手术室但需要操作整外项目的轻医美诊所、有独立业务渠道的整形医生、有资源但没有机构的医美团队等；

③业务来源：把省内及周边的整形医生，在所在城市有下沉操作会的渠道医美机构名单拉出来逐一洽谈，或在相关共享医疗平台上发布手术室租赁信息；

④分成模式：提供护士服务，医生合作可扣除药品成本后按二八分成，机构合作可洽谈按天租赁。

108．双美机构客量不大，想转型皮肤但需购买大量仪器，是不是很难产生利润？

如果机构转型之后依然过度依赖生美存量顾客的医美业绩产出，那么确实存在上述问题，有限的顾客需求难以支撑高昂的采购成本，一台价值六位数的仪器买回来，做了一两百个顾客之后没有新客产出了，仪器在七八成新的时候就过时了，连采购成本都很难挣回来。

如果机构确定要转型皮肤科诊所，就必须把直客的流量端口打开，以大量的大众直客消费来分摊仪器采购成本，在仪器热门的时间窗口内收回成本，并产生利润。

这不仅是一个经营决策的问题,而是企业的发展战略与赛道机会的重新选择。打开线上流量端需要孤注一掷地做好美团账户,匹配专业的运营人员,打造线上线下一体化的品项体系,让生美顾客从美团下单写好评,把销量与好评数据刷上去,成为五星商户、成为所在城市的TOP3商户,才能够真正有直客流量与业绩保障。

109．双美引进一套新仪器要怎么做推广？

无论是新品项还是新仪器的销售推广,都需要一定的流程顺序,盲目推广的背后可能会带来一地鸡毛,具体的推广节奏建议如下：

A.内启动

任何没有经过内启动的品项,坚决不应该销售给顾客。品项的内启动可以分为两个部分：

第一部分,内部打板体验。对于双美型机构来说,打板的顺序是医美管理层--医美员工--生美管理层--生美高管,打板的注意事项包括：收取打板费用、签订肖像权协议、拍摄打板影音素材、实施打板操作、组织打板复盘反馈会议、完善顾客操作体验流程、让团队建立对新品项的信心。

第二部分,全员品项培训。内容包括：专业知识、销售逻辑、品项定价、服务流程等,完成培训考核通关后,才能够将品项推向市场、销售给客户。

B.冷启动

新品项推出不建议首先卖给新顾客,而是要卖给老顾客体验,并通过老客体验来验证品项的定价策略、销售话术、升单逻辑、效果体验等。为了吸引老客的参与，可以给部分老会员享受新品尝鲜价，比如卖给普通顾客1 280元的项目，生美老客可以享受500元的尝新价格。让这批老客成为新品项的种子客户，通过他们的分享促进品项在生美顾客中的普及。

C.热启动

内启动与冷启动实施完成，并经过复盘完善之后，新的仪器/品项可以进入热启动阶段，在这个阶段品项可以进入全场域的营销推广，打造线上线下的顾客口碑，并且可以推出各类营销政策，实现顾客的裂变。

110．渠道主打抗衰，初步计划推出颈部或手术项目，可行吗？

医美超级单品的打造有一个核心关键叫作"选择·聚焦·击穿"，在超级单品的打造与推广期内，至少是前一年的时间，机构需要做到"舍九取一"，深度聚焦所有的营销、宣传与推广资源，投入超级单品的打造，这样才能够形成统一的心智，击穿市场做大做强。

否则一旦资源分散不够聚焦，就会造成市场与顾客的心智模糊，市场不知道机构最擅长什么，顾客不知道做什么品项可以选择这家机构，这种"雨露均沾"事实上是一种巨大的资源浪费，因为顾客购买的不是机构的企业品牌而是产品品牌，也就是超级单品。

既然机构目前打造的抗衰品项已经初见成效，那么当下应该做的是继续聚焦这个超级单品，夯实顾客心智，将品项业绩占比做到50%以上或者业绩做到1个亿以上，这个时候可以延伸到其他品项，打造企业的第二增长曲线。

具体选择延伸到哪个品项，需要考虑几个方面的因素：

①**品项的定位强度**：即当下的超级单品是否已经做到足够的市场认知度与占有率，其定位强度越大、光环越强，则延伸性就越强；

②**品类的相关性**：即当下的超级单品与延伸品项的心智关联度，之间是否存在清晰的关联开发逻辑；

③**竞争的强度**：即计划延伸的品项在机构所属市场竞争环境中的市场空间，市场竞争越激烈，则延伸成功的可能性越小。

综上所述，如果是面部抗衰超级单品在市场竞争强度许可的情况下，建议第二增长曲线选择颈部抗衰或者眼周抗衰，成功的概率会更大一些。至于眼鼻手术类的项目，建议不做外部营销，而是通过内部关联开发的逻辑来做销售转化。

111．机构主推项目感觉已经到顶了，能不能用新的品项拉动业绩？

关于医美机构的品项，我们经常说一句话叫作"做多是本能，做少是本事"，很多机构习惯不断推出新的品项来拉动业绩的提升，事实上业绩或许有一定增长，但利润却一直不够理想，其原因在于任何一个产品推入市场都有固定的生命周期：

①**研发期**：以品项前期的研发打磨为主，需投入大量精力与时间成本；

②**推广期**：需要大量的宣传费用与营销投入，销售额缓慢增长；

③**成熟期**：大量顾客购买，市场逐步扩大，销售额稳步增长；

④**衰退期**：新的产品或替代品出现，销售额与利润迅速下降。

在这四个阶段中，真正产生较高业绩与利润的是成熟期，因此机构需要通过各种办法不断延长产品的成熟期，以获取更多的业绩与利润，而机构不断推出新的品项，就相当于在不断重复这四个阶段的循环，缩短了品项真正创造效益的成熟期。

微整类品项本身的特征就是顾客存在持续复购的可能，只要品项的技术效果与顾客体验做得足够好，同时通过会员制锁定顾客的持续消费习惯，完全可以延长品项的生命周期，为机构持续创造价值。为了满足顾客的消费需求变迁，可以在成熟的品项心智基础上，结合新的产品、新的技术与新的审美理念进行迭代创新。

在品项的更新迭代方面，我们要学习苹果手机的产品策略，不断迭代产品外观、功能与使用体验，以满足顾客不断提升的消费需求，绑定了一批忠实的"果粉"，持续创造业绩贡献，至于苹果其他的产品如Ipad\IMAC等，只需要通过内部关联转化就可以了。

112. 区域头部机构，会销会务招商都不错，但是单价复购不理想，问题在哪？

渠道医美机构通常有一个最大的心锚，就是以渠道为中心，而不是以顾客为中心，花了很大的力气去开拓店家、服务店家、维护店家，在顾客买单的技术品质与服务品质方面，却没有打造出自己的核心竞争力。

这样导致的结果是：

①不断在开拓新店，但是在与店家的合作中，却需要不断降低自

己的姿态，返点分成比例一再提升，看似业绩有所提高，利润却每况愈下；

②不断在开拓新客，但是顾客的留存率却差强人意，很多顾客来了一次就再也不来了，活动邀约难、顾客复购难，客单价也始终徘徊在较低的水平。

这些机构始终没有搞清楚一个问题：自己真正的顾客是C端顾客，而店家事实上只是一个获取顾客的营销通路而已，过度服务店家而忽略了顾客的服务品质，其结果必然是失去顾客的信任。真正买单的人是顾客，当机构的服务体验感不高、技术效果不满意，自然不会再次上门产生复购，这是生美机构怎样努力都解决不了的。

店家虽然会为了利润分成将顾客带到机构，但他们最担心的是顾客不满意会伤害客情，甚至产生客诉会失去自己生美的重要顾客。当机构的技术与服务品质不能够让他们放心的时候，他们也不会输送优质顾客上门。

只有真正打造出技术与服务优势的渠道医美机构，才能够锁定优质顾客的持续复购，实现业绩的良性增长，同时与渠道店家建立平等的合作关系，避免陷入分成内卷。

113．渠道医美机构怎么样才能让店家保持忠诚度？

无论是内部高管还是外部合作，想要别人对你忠诚的前提是拥有共同的使命愿景价值观，能够为了一个共同的目标去做一件事。所谓忠诚并不是建立在无条件的信赖之上，而是建立在共同的事业之上。

渠道医美机构与生美老板虽然是建立在相互需求之上的利益共同

体，店家缺的是医美机构的技术与品项，机构缺的是店家的客源，合作的目标是共同赚钱，但是永远不可能建立共同的使命愿景价值观，所以根本不可能有忠诚可言。大部分合作的甜蜜期都在18-24个月，只有一部分技术品质过硬、竞争壁垒较强的机构能够将这种合作关系维持得更长一些。

对于渠道医美机构来说，当下最需要思考的问题并不是怎样提升店家的忠诚度，而是如何将自己打造成高端品牌医美，以顾客为本，以更舒适的环境、更精湛的医术、更卓越的品项与更周到的服务，专注满足高端顾客的医美需求，让自己成为像香奈儿、爱马仕一样的高净值阶层专享，这才是长期主义者应有的思维模式。

114. 直客机构想做老带新活动，是不是要给予一定的销售返佣？

老客裂变新客是一种常见的营销手段，做得好能够实现机构的低成本拓客，关于解决顾客的参与度问题给予几点建议：

①场景带入

让老客裂变新客，要给到有效的工具，比如亲友礼包、闺蜜券等等，这样才能让顾客有带亲友到院的理由，亲友礼包的设置要有一定的场景主题，并且设置有效期，比如三八节、七夕节、圣诞节等主题，有效期一个月，这样才会比较有价值感。

②品项选择

闺蜜券赠送的品项需要选择顾客自己已经体验过的项目，这样她们在向亲友介绍的时候才有话题、有说服力，自己都没有操作过、对效果不了解的项目，是没有底气介绍亲友过来体验的。

③双向激励

通常机构采用的激励方法是带亲友过来消费的顾客可以享受到一定的积分、礼品或者项目激励，但是却忽略了激励被带过来消费的顾客，这样就导致顾客对于带人过来消费这件事情有心理负担，感觉自己得了朋友的好处不够光彩。双向激励让带人来的顾客和被带来的顾客同时享受到激励政策，就可以让这件事情透明化，双方都没有心理负担。

④绩效导向

能够有效驱动老客裂变项目的岗位是咨询师，因此在活动期内可以给咨询师制定一定的绩效考核机制，明确每位咨询师需要完成的裂变名额，超额完成则给予一定的奖励。

另外，建议以积分而不是现金激励顾客老带新，因为这样事情的性质就发生了变化，原本的会员裂变就变成了现金返佣，不符合顾客在医美机构消费的初心。顾客获取积分可以在机构换购品项或者实物礼品，也有助于增加顾客的黏性，拉动持续消费。

115．主推私密的渠道机构，是否要重点对外宣传私密品项？

关于这个问题，有两个核心关键：

①机构的品牌心智是什么

任何一家机构在经营了一段时间之后，都会形成一个或清晰或模糊的市场与顾客心智，即店家与顾客认为你是做什么的？哪方面最擅长？顾客会根据机构的心智选择在你这里做哪些方面的消费，店家也会根据机构的心智选择给你输送哪些方面的顾客。

品牌的心智一旦形成是很难改变的，当顾客认为这家机构擅长的是面部抗衰，那么机构重点宣传私密品项未必能够取得理想的效果，可能还会扰乱顾客的心智，削弱面部抗衰的新客引流。

②私密顾客是老客还是新客

外营销拓客引流，内关联延伸转化。如果机构的私密顾客大部分都是老客转化升单，意味着即使机构将宣传重心由面部抗衰调整到私密，也不会显著提升私密品项的业绩，反而可能会失去面部抗衰的新客引流。

与其调整宣传重心，不如将面部抗衰做大做强，将私密转化的漏斗做大，提升对老客的私密教育能力，将从面部到私密的升单转化路径做得更加科学严谨。这才是正确的业绩提升思路。

116．渠道医美开口卡越来越难卖了，靠什么拉动新客上门、业绩提升？

渠道医美机构要重视合作店家的品项打板，通过我们对行业数据的研究发现，生美店家一年内给机构创造的业绩额约等于其打板金额的20倍左右，打板店家的单店业绩贡献值远远超过不打板店家的业绩贡献。

店家不打板意味着对机构没有建立充分的信任，对机构的主推品项也没有建立充分的认知，在生美店内因为没有成功案例的感召很难打动顾客的求美兴趣；即使店家为了分成而输送顾客，也很难形成良好的配合促进业绩的产出。因此，建议渠道医美坚守一项合作底线：不打板不合作。

为了提升店家与美容师的打板积极性、促进体验卡销售、拉动新客上门，建议可以采用打板报销制度，具体操作流程：

① **收取打板费用**

面向店家老板娘与美容师销售打板报销政策，如4980元包括3个部位的面部微整项目打板，并签订肖像授权协议，拍摄案例打板照片与影音资料，用于品项的案例库建设。

② **销售体验卡报销**

体验卡定价2580元/张，每销售一张体验卡，打板人报销40%，50%分给老板娘，10%分给协助卖卡的市场美导，每名打板人销售5张体验卡即可回本，在回本之前她会发动一切力量销售体验卡。

117. 渠道机构疫情以来下沉式做业绩，医院每天处于半空状态，会员制如何落地？

前几年的疫情让医美行业发生很多变化，其中之一就是渠道医美机构采用"区域地招＋直播卖卡＋下沉操作"三部曲下沉到县域市场做业绩。从业绩产出的角度来看，这种从"坐销"到"行销"的形式的确在一定程度上保障了渠道医美的业绩产出，也暴露出了一些新的问题，比如：①价格体系不稳定；②顾客体验感下降；③品牌势能下降；④团队势能下滑等。

尤其是对于一些定位比较高端的品牌渠道医美机构来说，一半以上的顾客没有看到过医院的环境，没有体验过星级会员应有的服务，自然难对机构的品牌与实力建立充分的信赖与认可，拥有较强消费力的高端顾客也难以产生持续的复购。

对于品牌渠道医美机构来说，会员制分级服务是一项有效的营销方式。让高消费力的顾客感知到头等舱式的服务并产生依赖性，能够有效提升他们的复购意愿，增加业绩贡献值。

市场下沉与会员服务其实并不矛盾，解决的方案就是将营销活动分级。

①市场下沉会

深度下沉市场捞客，提升生美店家的医美顾客普及率，增加新客引流，消耗中小顾客的存量储值。

②院内沙龙会

将消费力2万元以上的顾客邀约至院内参加沙龙会，以优雅的环境、周到的服务与精湛的医术给他们高端的体验，用会员权益与会员服务锁定他们持续到院消费。

③年终盛典

选拔年业绩贡献值10万元以上的顾客参加机构的年终盛典，日常则以会员服务专区、会员专属服务与董事长家宴等形式维护高端会员圈层，让他们产生深度的依赖。

118. 渠道医美核心店业绩下滑严重，合作吃力，该如何解决？

一般情况下，生美店家与渠道医美机构的合作蜜月期也就18～24个月，蜜月期过后老店的业绩贡献值就会逐渐萎缩，所以机构需要通过不断招商开拓新店合作，替换掉没有价值的老店，来保持源源不断的顾客流量。针对老店合作萎缩导致的机构业绩下滑，有几点解决思路：

① 持续开拓新店

新店开发数量是渠道医美机构业绩良性增长的一项重要考核指标，机构需要制定清晰的合作目标画像，比如经营面积、营业年限、生美业绩、团队人数、自销能力、月活会员人数等，通过市场开发、老店转介绍、展会招商等方式，不断开拓新的合作店家。

很多渠道医美机构之所以招商难，是因为名气只在现有的市场区域与有限的店家中形成传播，想要通过原有的业务方式拓店，难度越来越大。在新的市场竞争环境下，建议组建线上部门，打造老板的个人IP，提升品牌的线上口碑，这样无论是拓客还是拓店都有了品牌影响力的加成，能够大幅度提升效率。

② 优化成交逻辑

无论日常销售还是会销场景，都不能只在意一次性的成交逻辑，而是要设计抗衰高保养年卡等锁客品项，卖成爆款项目，让顾客养成保养理念，保障机构的基础业绩与店家的合作黏性。

③ 持续推出新品

新品卖老客、老品卖新客，机构每年要推出新的品项与技术，满足老顾客不断增长的消费需求，经典品项也需要阶段性推出迭代创新的版本，用于老客的持续复购。

119. 机构热卖的高端品项目遭遇低价竞争，是否需要跟风降价？

机构曾经热卖的高端品项，意味着：①已经有一批高端顾客以高价购买过这个品项；②这个品项在机构的品项体系中并不是拓客引流品项而是深挖品项，即顾客多次复购之后才会选择的品项。因此，现在降价未必能够吸引更多的顾客购买，但是肯定会伤害到那批已经购买过这个品项的优质顾客。

当下最有效的竞争并不是跟风降价，而是反其道而行——该品项面向新客涨价，具体执行要点：

①找准涨价理由

如疫情导致的进口耗材成本提升、贸易战导致的关税提升、耗材产品迭代导致的成本增加等。

②做好顾客教育

录制该品项相关的科普视频，教会顾客如何鉴定设备的真伪、假仪器假产品会给顾客带来什么样的坏处等，在顾客心目中建立一分钱一分货的心智。

③发布涨价通知

以公文形式发布涨价通知，并通知已经养成消费习惯的老客可以继续享受原价，让老客感受到尊崇感。

④提升新客绩效

调整该品项相关绩效体系，销售老客保持原有的提成绩效体系，按照新价格销售给新客可以提高提成比例，提升高管销售该品项的积极性。

120．疫情后原有的营销策略全都失效，有什么办法？

这是一个瞬息万变的世界，行业的趋势在变、竞争的格局在变、获客的路径在变、店家与顾客的需求也在逐渐变化，机构原有的经营策略与营销打法，已经不再适用于当下的市场环境与合作关系。

如果机构的思路依然停留在原有的认知范围内，思考的依然是具体的战术层面问题，非但解决不了企业当下面临的问题，反而可能让企业陷入被动。

当下企业最需要考虑的是商业模式与企业战略方面的升级，才能够重新激起店家的合作兴趣，与核心店家建立一荣俱荣、一损俱损的利益共同体，这样才能够从底层建立店家的业绩核心。

在制定具体的战略思路之前，需要找到20个左右的核心店家进行深度沟通，调研他们当下的痛点有哪些，最迫切需要解决的问题是什么，这些问题是否是机构所擅长的，这样才能从根源上找到解决机构当下痛点的战略路径。

121．会员制能不能提升医美顾客的复购率，如何操作？

数据研究表明：医美顾客平均每到店3次就可以产生一次消费。但是为什么很多顾客购买一次之后，就再也不到院呢？

求美是一件成瘾性的事情，很多顾客一旦开启了求美这件事情之后，就会有持续性的再消费，他们的再消费只会有两种情况：买我们的品项或者买竞争对手的品项。

所以，提升顾客复购的核心在于如何增加顾客的替换成本，在这里跟大家分享几个技巧：

①**价值预留**

价值预留就是为顾客预留消费的钩子，让顾客把价值提前预留在机构进行管理，类似某些酒吧通过提供存酒服务来锁定顾客的持续消费一样。医美机构也可以通过活动策略让顾客提前囤货，比如某产品买三送一，一次打两支，另外两支预留在医院，就可以有效拉动顾客的下次复购。

②会员价值

会员是机构最有价值的一笔稳定资产，会员的返院率、复购率、客单价都远超过非会员顾客，甚至很多机构会员创造的收益可以能会占到机构业绩的80%以上。

会员制营销的核心包括：

会员服务——让不同星级的顾客享受到不同的服务内容，让高消费力的顾客能够得到更好的体验，建立更好的客情关系，建立消费依赖。

会员权益——通过对顾客消费数据的深度盘点，依据顾客的销售升单逻辑，设定不同级别顾客的会员权益，让顾客通过会员权益免费体验并实现项目消费。

会员裂变——设置会员推荐积分奖励规则，通过双向激励引导老会员推荐新客户，同时拉动老客的返院复购，带动机构整体顾客的活跃性。

会员管理——通过会员的消费数据与产品频次，分析出客户的消费习惯与消费偏好，为会员客户设置专属优惠，制定重复消费计划，提升会员的活跃度。

③圈层满足

圈层满足是指，针对某一圈层用户不同类型的需求提供不同的品项与服务，并通过顾客的从众心理，吸引更多同圈层的顾客。

④用户成长

用户成长是指在产品体系里植入用户成长机制，刺激用户对高等级的拥有感，并因此难以离开，比如顾客消费金额越高则会员星级更高，可以享受到的会员服务更好，能够得到的会员权益更多。

⑤峰终定律

客户对体验的记忆由两个因素决定：高峰时与结束时的感觉。所以希望给用户留下好的印象，让他下次有更大的可能性再来体验产品，就要特别用心地去设计用户离开的那个环节。比如某轻医美诊所会员客户每次消费都可以获赠一盒口感非常棒的高品质水果，顾客即使在服务体验过程中有一定的不满，也会被收到这份伴手礼的愉悦冲淡。

122. 怎样从不同维度提升顾客活跃率和复购率？

顾客的复购率与活跃度提升是医美机构运营中的重要课题，在会员制营销之外，医美机构还可以通过多个维度来实现这个目的，比如：

①建立信任关系

医美客户留存的主战场在私域流量，而私域搭建的核心是与消费者达成价值共识，让消费者能够感知到机构的存在对自己的求美有足够的价值。

医美机构做运营的出发点并不是包装产品和项目，而是经营客户。将机构打造成一个有温度的、有情感的、有正确价值主张的医美专家和身边的好朋友。

②优化广告投放渠道

可以选择医美平台、垂直平台、广告投放、自媒体、kol合作及线下推广。渠道测试的本质是验证渠道的CAC（Customer Acquisition Cost，获客成本），然后取得客户的留存率、LTV（Life Time Value，用户的终身价值）等数值，从中筛选出有优化空间的渠道。

在找到了客户获取的最初几个渠道后，我们紧接着要进行渠道优化，渠道优化的前提是对渠道的客户获取路径的数据进行追踪和拆解，如果从客户身上获得的收益大于付出的成本，即使这批客户的留存情况不好、获取单价高，我们也依然要保留；反之，即使留存情况好、获取成本低，也要摒弃。

③ 术后跟进和答疑

所有的医美项目做完之后一定会有恢复期，短则1个小时，长则1个月。

所以医美术后需要安排工作人员及时对客户进行术后跟进，在答疑方面准备好完备的话术，比如保湿、修护、防晒方面，以及推荐含有抗炎、抗氧化等退红、舒缓、修护功效的保养品。通过细心耐心的术后跟进和答疑，赢得客户的好评和口碑。

④ 忠实用户转介绍

私域的基础是有黏性的流量，老带新就是利用有黏性的用户带来新的、能产生潜在黏性的用户。私域老带新体系的重点有两个：内容植入分享机制、留存用户引导邀新。

内容植入分享机制——在投放内容环节，植入这三种分享机制：打卡、拼团和分销，就可以带来更多稳定的、高质量的流量。

留存用户引导邀新——制定长期的运营规划维持已有流量池的活跃度，并设计针对不同类型客户、痛点更加精准、势能更加强烈的裂变活动，作为"基于旧流量，创造新流量"的激活手段。

⑤ 群裂变活动

客户可以通过分享海报进行裂变分享，当足够多的人扫描海报上的二维码并且关注后，客户就可以得到对应的奖励。通过低价爆款的项目，驱动客户不断拉新线索。

通过私聊、群聊和企微朋友圈这三个渠道的触达，激起客户的兴趣，避免在非主要用户上投入过多，以最少的资金投入打造企业独有的竞争优势。

123．渠道医美计划降低产品耗材成本来提升利润，是否可行？

对于一家医美机构来说，面对客单价下滑的问题首先应该进行深度复盘分析，找到客单价下滑的根本原因，一般包括顾客质量下滑、顾客消费力下降、技术品质下降、咨询成交能力下降、顾客满意度下滑、顾客体验感下滑等多方面的因素，找到根本原因之后再进行有针对性的改善提升，从而提升客单价与机构的利润空间。

如果忽略客单价下滑的底层原因，一味通过降低产品品质来压缩成本，往往会带来几个方面的问题：高管信心不足、好医生不愿继续合作、顾客满意度下降、顾客复购率下滑、机构口碑变差，最终导致机构整体业绩下滑，利润更是难以保障，这就是一个恶性循环。

医美机构的良性循环，应该学习中国渠道医美的头部企业虞美人，于文红会长一直坚持用一线品牌的产品与国内顶级的微整医生，匹配独到的美学设计理念，这样才能够做出高客单价与良好的顾客口碑，从而保障机构的利润空间。

高端顾客在意品质与体验，中端顾客在意性价比，只有低端顾客在意超低价，而医疗美容属于消费医疗的范畴，并不是顾客的刚需，只追求短期利润空间而忽略品质与口碑的医美机构，注定是没有未来的。

124. 拓客项目该如何定价？

俗话说"定价定天下"，因为定价定的是机构的经营定位、消费群体与利润杠杆，医美机构的定价力其实就是企业的竞争力。

市场上是没有价格战的，实际上是成本战。定价的底层逻辑必须基于机构的经营定位，目前医美市场的消费人群呈现"全龄化"的趋势，具体人口比例如下：

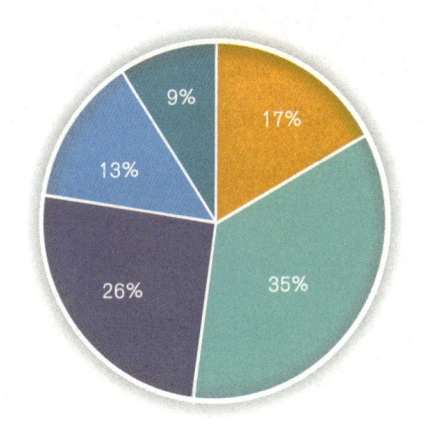

图2 目前医美市场消费人群结构

25岁以下 17%、26~30岁 35%、31~35岁 26%、36~40岁 13%、41岁以上 9%

20＋顾客占比最高，普遍追求网红款，对价格敏感度较高，宜采用低价策略，让顾客感觉"省钱"；

30＋顾客是医美消费的中坚力量，普遍追求性价比，价格可以高一点，但是要让顾客感觉"划算"；

40＋顾客占比最少，却最具消费力，以高净值阶层为主，普遍追求高品质与服务体验感，定价可以高，但是要让他们感觉"值钱"。

由此可以看出，定价的核心其实在于机构的目标客群画像，服务什么样的人群，就采用什么样的定价策略。

如果定位大众流量医美，主要服务年轻客群，就可以采用低价策略，先吸引流量，然后以"大浪淘沙"的方式转化升单；如果定位高品质医美，就选择高端产品提升拓客门槛，牺牲流量只吸引优质顾客，以少量的顾客做出高客单价来保障业绩与利润。

另外在拓客品项定价方面，需要注意一个比例关系，引流品项价格与转化升单品项平均客单价的比例关系，直客一般在1：3、渠道一般在1：10，具体到机构可能会因为咨询师能力等方面的关系数值有所区别，但基本遵循这个比例，所以在制定拓客品项价格时，要参考转化升单品项的平均客单价，否则可能会导致后期的转化升单困难。

125. 传统双美机构，如何说服生美高管同意以1.5倍膨胀政策将已收未耗款转化为微整消耗？

传统生美机构的大量已收未耗款几乎是全行业的通病，甚至有些企业的已收未耗金额已经超过了机构的全年营业额，对于企业来说这是非常严重的资产负债，也会让企业的经营时刻处于高风险之中。因此，当企业的实收实耗比例失衡，已收未耗款超过安全警戒值的时候，可以考虑通过膨胀金等策略来加速追耗，降低经营风险。

生美高层比较抵触的原因可能在于：没有意识到企业的经营风险、担心影响自己的业绩核算、担心影响高管的绩效收入等。具体的沟通思路建议如下：

①按照储值金额排序拉出顾客的预存款明细，通过数据的刺激让生

美高管意识到问题的严重性；

②对过去24个月有消费记录，但是最近12个月没有回院消费的生美沉睡顾客进行重点分析，找出已经在其他家生美消费的顾客案例，让生美高管对顾客的流失有危机感；

③客观分析机构当下的经营困难与收现难点，让生美高管意识到大量实收未耗的问题不解决，新的实收业绩就会遇到重重阻碍；

④通过顾客分析，制定具体的膨胀金政策使用范围，并进行顾客成交升单方案规划与同频，让生美高管从追耗活动中看到新增实收业绩的规划；

⑤制定科学的专项绩效体系，让生美高管感觉自己的利益并没有受到损失，并对业绩追耗积极配合，完成领先的门店、团队与高管给予额外的表彰与激励，激发参与热情。

通过活动来拉动追耗只是解决当前的问题，想要从根源上解决生美机构实收实耗比失衡的问题，需要从源头开始制定科学的年度经营战略与细化拆解，并制定以实耗为导向的科学绩效体系，实现科学可控的实收实耗比。

126．医美行业价格战激烈，如何打破"价格战"内卷？

在商业竞争中，只要企业存在竞争对手，就时刻存在陷入"价格战"的可能性。在顾客的选择与行动不可知的情况下，每家企业都只会选择对自己最有利的方案，却未必是最优方案。

在商业游戏中有一个著名的"囚徒困境"：你和搭档组合起来进行间谍活动，被警察逮捕了。两人被完全隔离开，各自接受调查审讯。警察跟你有如下交易，你是保守秘密，还是坦白？

A. 如果你和搭档都保守秘密，两人都会被拘留1年；

B. 如果只有你保守秘密，搭档坦白的话，搭档会被立即释放，你要入狱10年；

C. 如果只有你坦白了，搭档保守秘密的话，你会被立即释放，搭档要入狱10年；

D. 如果你和搭档都坦白的话，两人都会入狱5年。

如果双方可以商量，那么两个人都会选择保守秘密，而现状是在商业场景中，我们无法与对方沟通保持共同进退，坦白而导致结果D，来实现自己损失的最小化，事实上也是双方共同损失的最大化。尽管对彼此来说有更好的选项，却不能选择，这就是"囚徒困境"。

那么当医美行业的竞争越来越激烈的时候，怎样才能够打破价格战的内卷呢？

①不率先发起价格战

如果机构所在的市场环境中，还没有严重的价格战，那么建议大家都不要做价格战的发起者。价格战短期内可能会收获一批流量与业绩，长期来看却会不断突破行业底线，最终大家都没有了利润空间，单纯只看自己的利益，最终却对所有人不利。

②降低经营成本

所有的价格战其实都是成本战，赔本赚吆喝只能是短期行为，低价还能赚钱才是企业真正想要的，而低价赚钱考验的是企业的成本管控能力，需要拥有极强的供应链整合能力与成本管控能力，才能够通过总成本领先的战略，实现在价格战中盈利。

③提升溢价空间

竞争的最高境界就是不竞争。并不是所有的顾客都会因低价买单，求美者的群体决定了他的消费水平，而消费的客单价，决定了你引流的水平。因此企业想要避免陷入价格战的漩涡，就必须明确自己的客群定位，放弃只注重低价的低端顾客群体，通过服务与品质打造自己的溢价空间，专注服务高端优质客群。

④增强转化能力

一般引流产品的价格与消费的客单价存在10倍的比例关系，如果引流品项客单价是1 000元，那么消费客单价一般不超过10 000元，这是行业的基本规律，但是也有机构可以通过优秀的服务流程与卓越的销售能力，将低价吸引来的顾客转化高价套餐。如果价格战不可避免，那么机构必须练好内功，增强对流量顾客的升单转化能力，并通过会员体系留客锁客，拉动持续复购，这样才能够实现业绩的良性增长。

127．传统医美机构，医美大单外输，小单自理，无法盈利如何破局？

很多传统双美机构的医美板块都采用这种"内渠＋外渠"并行的经营模式，绝大多数都无法实现医美板块的盈利，原因在于以下几个方面：

①医美顾客输送难

外部医美合作普遍具有较强的大客大单成交能力，因此生美团队更倾向于将具有较强消费力的顾客输送给外部合作商，而非自己家的医美机构。很多外部合作采用会销形式集中收现、集中消耗，降低了生美团队的服务成本，因此即使是消费力一般的顾客，只要有机会，生美也倾向于向外部输送。

②技术服务提升难

大客大单外部输送之后，老板往往认为自家机构没必要再招聘优秀的卖手与技术精湛的医生，甚至在服务品质方面也不够重视，导致生美团队对医美的成交能力与技术、服务没有信心，因为担心伤客而更加不愿意输送顾客。

③预存款项消耗难

很多传统双美机构外部合作的是消耗较快的微整或手术类项目，而自家机构则主营消耗周期较长的光电皮肤类项目，因为没有大单品项的周期，导致即使生美机构迫于集团压力输送顾客并成功收现，也很难快速消耗，最终导致实收实耗比例失衡，给机构的经营带来一定的风险。

综上所述，传统双美型机构如果想要医美板块实现盈利，就必须"断奶"，彻底停掉外部合作，但是很多机构很难实现这一步，一方面因为生美大客已经被"绑架"，被外部合作机构培养了消费习惯，再带回来消费有一定的难度；另外一方面从集团领导到生美高管都很难抵御大单收现的诱惑，没有办法做到即使损失眼前利益也要"一刀切"。

因此企业经营决策人必须想清楚，是要眼前赚钱还是要未来更值钱。

128. 想承诺"不满意就退款"，但如果真的有很多客人来退款，怎么办？

首先，做医美不能过于担心退款，因为凡是退款能够解决的问题，都不是太大的问题，真正到了退款都解决不了的程度，才是最让老板头痛的。所以，如果真的做出了问题，顾客不满意要求退款，无论是否承诺了"不满意退款"，其实都是要退的。

那么，公示承诺"不满意就退款"有什么样的好处呢？

① 降低顾客决策成本

百果园承诺"水果不好吃无条件退款"，即使已经吃掉了的依然免费退，确实有人买到了不好吃的水果去退款，让百果园看似蒙受了一些经济损失，但是更多的顾客是因为看到了这样的承诺，即使同样的水果百果园比其他店更贵，也依然会选择在百果园购买，因为其他店没有承诺不好吃退款，而百果园承诺了，即使买得不好吃也没什么损失，所以顾客在百果园买水果的决策成本更轻，买得更安心。

② 倒逼团队提升服务品质

"不满意就退款"的承诺，不仅是给顾客看，提升消费信心，也是给团队看，提升服务品质。每一笔退款的背后，其实都是一个让顾客不爽的原因。机构退出去的每一笔钱，都要消灭一个让企业被消费者淘汰的诱因。当企业在这份承诺指引下，一步步提升服务品质、提升顾客满意度之后，才能够成为行业的标杆。

③ 提升挑剔顾客忠诚度

企业最怕的不是顾客因为不满意而退款，而是顾客对机构的服务品质不满意之后，就再也不来了。数据表明，曾经发生过客诉但是圆满解决的顾客，复购率要远高于从来没有发生过客诉的顾客，这一方面是因为在处理客诉的过程中让顾客看到了企业的诚意，建立了客情与信任；另一方面因为很多挑剔的顾客其实更具消费力，但是能够满足他们消费需求的企业并不多。一个企业能够服务得了挑剔的顾客，自然也就能够满足更多顾客的消费需求。

我们今天的商业模式一定要思考，消费结构怎么能做得更短，顾客的决策怎么能够做得更轻，如何让顾客闭着眼睛相信我们家，这才是商业成功之道。

129．大批生美预存款三五年未消耗，能否当作利润自动消耗？

从做企业的角度来讲，欠顾客的钱如果不及时消耗掉，迟早是要还的，只是我们很多机构存在侥幸心理，感觉顾客的钱放着放着可能自己就忘记了。很多机构的咨询师和售后团队甚至会因为这种侥幸而不去邀约客户回院消耗，感觉一旦联系顾客，未必能回来消费，可能还会把之前的未耗款退回去。这就导致了企业的资产负债率持续走高，给经营带来极大风险。

从财务的角度来分析，顾客的预存款就是企业的资产负债，在顾客没有消费项目的情况自动消耗作为利润不仅是违背商业道德，也是违背财务职业准则的。

解决这个问题的核心在于历史追耗，而解决历史追耗问题可以双管齐下：

一方面面向顾客端采用预存款膨胀制度，在制定时间内，1万元生美预存款可以当作1.5万元去消费医美品项，让顾客感觉不仅能够满足自己的需求，而且非常划算，更加有动力有意愿来院消费；另一方面面向员工端采用绩效提升制度，对于顾客历史追耗的业绩，给予销售团队更高的业绩提点，提升员工对历史追耗工作的积极性。

虽然看起来这部分业绩公司利润率会有所下滑，但是不仅合法合规地解决了企业的资产负债、降低了经营风险，而且可以借机激活一部分沉睡老客，有助于带来新的实收业绩。

130. 一线渠道转直客，直客销量赶超渠道，该如何抉择？

渠道转直客是一件非常需要勇气的事情，尤其是纯渠道基因的老板，在经营过程中会遇到这种问题。

根据描述，该机构的现状其实也不是成功转型成了直客医美，而是"混沌医美"，两种不同的经营模式并存于同一个经营环境之中，两种不同的顾客群体互相影响着彼此的体验感，品项价格体系也无法做到统一。

很多渠道医美老板考虑转型直客，是因为渠道医美的分成内卷太严重了，自己又没有打造出足够的竞争力，能够让生美店家宁愿放弃其他家的高分成也要选择与之合作，但是转型直客之后，又会发现这是一个竞争更加激烈、不确定性更强的赛道，如果没有足够的竞争力，也很难在竞争中崭露头角。

因此建议机构二者只能选其一，因为老板的精力与机构的资源都是有限的，直客渠道兼顾很可能哪方面都做不好。如果机构直客业绩增长趋势良好，建议选择放弃渠道，专注做直客。

但是因为所处城市的直客竞争比较激烈，所以建议作为市场新进者不要选择做"大而全"，而是选择"游击战"，专注一个细分赛道，而且要细分再细分，专注满足一个精准顾客群体的医美需求，或者专注满足顾客的某一项医美需求，找到自己独特的生态位，这样才能够有机会在竞争中谋得生机。

131. 双美机构医美项该如何选品？能否用一部分仿品？

建议机构100%的产品与仪器都选用正品，一台仿品都不要，把机构做成当地的一股清流，这是长期主义者需要坚守的原则，坚持正规，只做正品，背后的原因包括：

①品牌口碑

在医美行业信息日益透明的今天，消费者能够通过各种线上平台获取到产品与设备相关的各种信息。只有坚持正品，才能够获得顾客的信赖与认可，形成优秀的品牌口碑，这是企业重要的经营资产。

②医疗安全

在国家各项医疗管控政策越来越严格的趋势下，合法合规经营已经成为医美机构的门槛。采用不合规的产品一旦出现什么医疗安全问题，给机构带来的不仅是巨额赔偿，还可能带来难以挽回的负面影响。

③团队自信

机构使用的产品与仪器是否正品，或许短期内能够瞒过顾客，但是绝对瞒不过内部高管。一旦高管知晓企业使用的是不合规产品，对企业和老板的信任度就会大打折扣，在面向顾客的时候也没有充分的信心去推荐，而且很多爱惜自己羽毛的医生会对这样的企业敬而远之，让机构失去聘用优秀医生的机会。

④厂家红利

一般情况下皮肤科的成本在13%～18%，微整成本在28%～35%，使用不合规产品看似能够降低耗材成本，却失去了正品厂家的红利支持，如宣传资源、营销资源、信任背书、新品推广等，可能会让机构得不偿失。

132. 每年都会有几个月业绩严重下滑，如何拉平业绩，减少亏损？

每家机构的全年业绩都会存在波峰和波谷，在排除疫情因素的影响之后，常见的波谷月份一般会出现在春节所在的1月或者2月、南方某些地方顾客消费比较低迷的农历七月，还有渠道机构受影响比较大的中高考升学月份。

对于波谷月，我们一般会降低业绩期望值，但是建议至少要做到业绩与成本持平，不要产生亏损，因为一旦波谷月业绩亏损，可能就要拿波峰月的利润来对冲，这样机构全年的盈利就会受到影响。

关于如何在波谷月减少亏损，给出几点建议：

① 绩效翻倍

所谓的淡季最可怕的不是顾客没有消费欲望，而是员工有了"淡季心态"，一旦进入临近春节，员工想的也不是如何做业绩，而是什么时候放假、放假如何安排，这样即使顾客有需求，业绩也很难做上去。

这时候我们就需要通过绩效杠杆来拉动员工的工作热情，比如汇成医美每年的《超级卖手》开年大课是在元宵节，但是除夕钟声敲响之前确认的所有订单，销售都可以拿双倍提成，所以汇成的销售春节放假期间脑子里依然想着工作，发拜年信息的时候也不会忘记课程邀约。

② 淡季打板

顾客消费欲望低迷的时候，也是生美店家和员工工作比较清闲的时候，平时没空打的板、没时间做的培训都可以集中在这个阶段进行，一方面可以收取一些打板费用，支撑医生和团队的薪酬，另一方面也为后面波峰月的业绩爆发打下坚实的基础。

133. 机构销冠看不上小单顾客，但机构舍不得业绩损失，如何取舍？

这个问题要根据机构的经营性质来做选择，如果是在直客医美机构，不建议接客单价过低的顾客，因为会影响到机构的品牌与团队的势能。

但是如果在渠道医美机构，建议这样的顾客还是要接的，因为渠道医美不是品牌，顾客是由店家输送过来的，店家为了能够将这个顾客带过来，前期已经付出了很多努力，并且消耗了自己与顾客之间的客情关系。如果咨询师拒绝接诊一个已经送上门来的顾客，可能就会面临失去一家店的合作信任。

所以，小单顾客也是不能轻易放弃的，但是对于明确没有较高消费力的顾客，是不建议大卖手来接诊的，因为一个大咖级咨询师一旦小单接多了之后，自己的武功是会退化的，会降低自己的销售格局与大单成交能力，应该把消费力较低的顾客交给基层的小咨询去接诊，他们既需要足够的实战经验来不断提升自己的成交能力，又有足够的时间与耐心去跟顾客磨单，最终是否成交都会有一分收获。

134. 双美机构把医美业绩分给生美后，医美板块该如何定价？

这个问题唯一的解决办法就是生美医美不拆分业绩，这样做的好处在于：

①有助于团队协作

假设集团今年的业绩目标是4个亿，按照传统的方式拆分就是生美

2个亿、医美2个亿，双方天天都在内卷，抢顾客、抢实耗、抢活动档期……好好的搭档变成了冤家。如果不拆分业绩，生美老总背4个亿、医美也背4个亿，他们会成为利益共同体，每天凑在一起思考这个共同的目标应该如何完成。

②有助于业绩完成

因为要对共同业绩负责，生美管理层也会高度关注医美项目的普及率与生美顾客的医美项目到店率。依据"1次轻医美治疗＝10次面部护理"的客单价公式，顾客回医美店的次数越多，业绩的完成就越高，更有助于集团整体的业绩增长。

③有助于良性增长

因为没有了生美分成，那么医美机构在做成本核算与品项定价的时候就有了充分的空间与直客机构抗衡，短期内看似降低了集团的整体利润，事实上不仅有助于生美顾客的医美项目普及率提升，也便于打通直客渠道，实现直客轻医美转型。

第四部分 04

绩效篇

PERFORMANCE CHAPTER

考核是措施,绩效是体现,用科学的方法优化措施,用合理的指标体现绩效。

——勇者说

135. 会员中心的绩效该如何制定？

会员中心在一个企业中最核心的价值是提升顾客满意度与返院频次，促成会员再消费。为了这个目标的达成，需要完成两个关键指标：会员权益消耗率与会员上门打卡频次。

因此，会员中心的绩效可以分成两个部分，假设关键过程指标有三个KPI：会员权益的消耗率、会员活动参会率与会员再消费率；结果指标有一个KPI：会员再消费业绩。

另外，在会员中心成立的不同阶段工作重心与价值导向也会有所不同：

第一阶段先要努力让更多人成为会员，在全公司各业务环节中强调会员提及率；

第二阶段要主抓会员的漏斗数据，如顾客入会率、会员升级率、老会员续会率、会员权益消耗率；

第三阶段最关键的是会员老带新，重点考核会员转介绍率。

那么制定会员中心绩效体系的时候，就要围绕这些关键过程指标、结果指标与阶段工作重心进行考核。具体的数值参数可以参考历史指标进行测算，并根据每一个阶段的数据成果变化进行调整，激励团队不断挑战更高的目标完成率。

需要提醒的是，在会员中心成立初期阶段各项KPI指标短期内难以达到理想数值，从其他岗位调岗至会员中心的人员，可以参考其过去一年的薪酬水平给予阶段性的保底薪资，避免因为调岗导致员工收入显著降低而带来的离职风险。

136．咨询、医生到底要不要给保底工资？

当保底已经成为行业习惯的时候，如果不给收入保底的确难以招聘到优秀的人才，这已经成为医美行业的惯例，短期内难以改变。

那么为什么很多员工拿到保底之后，就没有了工作的动力，感觉干多干少一个样？因为你对它保底部分的收入没有明确的考核，导致他无论做了多少业绩，拿到的钱都是一样的，这对企业来说是一种资源的浪费，对于努力工作的人来说也是一种不公平。

因此给员工保底工资是有技巧的：

①保底可以分为月度保底、季度保底、年度保底，站在机构视角来说最不建议采用的是月度保底，这样会让员工感觉每月干多干少一个样。最理想的是年度保底，每月按照底薪＋月度绩效领取薪酬，与保底薪资的差额部分年底一次性补足，如果不足一年员工自己提出离职，则保底年薪自动作废；如员工不接受年度保底，则可以考虑采用季度保底（如保底月薪5万，则每季度保底薪酬15万，第1-2个月按绩效领取，到季度末补足差额部分）。

②保底不用永久性的，而是有一定的时间期限。如果采用季度保底的员工连续两个季度都拿不到保底金额，则公司要衡量是否还需要留用这个人，如果留用则可以延长保底期限，如果没有明确的留用计划，则可以从第三个季度开始采用无保底的KPI考核。

③如果员工连续两个季度超过了保底，则保底政策自动取消，第三季度开始采用无保底的KPI考核。

137. 护士长、人资、仓库等非业务岗位要不要给绩效？怎么定？

首先，在医美机构中，护士长与护士应该属于业务岗位，她们的薪资构成为"底薪＋提成"。

在制定绩效考核标准的时候，首先要对他们的工作内容做基础量化，假设底薪5 000元，包含每月基础配台量200台，超出基础配台量的部分，可以做成阶梯薪酬，让员工能够真正做到多劳多得。

在绩效设计中，可以考虑把一些常规的非绩效岗改造成绩效岗，比如招聘专员在很多常规企业是非业务岗位，但是汇成是作为业务岗位来做绩效的，因为我们认为招聘其实是另一种层面的销售。他必须将企业的实力、品牌的愿景、岗位的成长空间等充分塑造出有吸引力的价值，才能够吸引优秀候选人的关注，帮企业招聘到理想中的人才。而招聘专员能否保持高效的工作状态，对于企业的人才招聘效率与招聘成本控制都是至关重要的。

我们的招聘专员薪酬可以提供给大家作为参考：每月底薪5 000元，基础工作成果为每月上门10个复试、有2人入职，每超出一个复试奖励100元，超过1人入职奖励500元。

财务、出纳、人资、仓库是非业务岗，他们的薪资构成方式为基础薪资＋岗级薪资＋绩效薪资。

138. 好的医生除了保底工资外，有没有更好的绩效激励方式？

机制导向决定行动成果，这句话在绝大多数场景都适用。

传统的保底薪酬方式为：底薪＋业绩×绩效提点≥保底薪资，这个薪酬方案的作用在于把医生招进来，并且保持正常的工作交付。

如果想要对医生有更高的要求，希望通过薪酬倒逼医生提升技术水平与顾客沟通意识，提升老客复购率，可以采用创新的绩效保底方式：

底薪＋本年新客业绩×4%＋历年老客业绩×6%≥保底薪酬

这样医生只需要把老客复购业绩占比提升，就更容易突破保底薪酬，实现收入的提升。

139. 启动KPI考核前要做哪些准备？

①手里有砝码

任何KPI考核机制都有可能遭到员工的反感甚至是抵触，因此企业要想改革使用KPI考核，老板手里必须要有砝码，如果团队本身就不健全，尤其是医生、咨询师等关键岗位只有一两个人的时候，老板很容易被卡着脖子，不建议启动KPI考核。

此时老板的努力方向是提升团队的状态、保障机构的正常运营，让大家挣到钱，待到团队健全之后再考虑KPI考核的问题。

②收入有提升

所有KPI考核的导向都是要让员工只要努力工作，就能够挣到比之前更高的收入，因此企业要做好增加支出预算的准备，否则每次变革都会降低员工的体验感，进而导致优秀员工流失。

③军心要稳定

KPI考核的推行要考虑适宜的时机，因为有些措施可能会影响团队的稳定。

140．核心管理层的绩效该怎么制定？

企业的增长是有周期的，一个黄金期之后可能会进入瓶颈期，击破阈值之后才能够进入下一个黄金期。

因此，业绩逐年增长只是一种理想的状态，事实上受国家政策、行业发展、供需关系、竞争环境等多重因素影响，我们在很多时候并没有办法保证企业业绩的逐年增长，因此也无法保证员工整体收入支出的逐年增长。

即使是企业的整体薪酬支出能够做到逐年增长，我们也没有办法保证具体员工的收入逐年增长，因为员工的收入水平是与自己的能力与工作状态密切相关的，只有当员工的能力和状态每年都保持明显提升，而不是低水平重复的时候，才能够有个人收入逐年增长的可能。

管理层的绩效考核必须要有降本增效的意识：降本，是以最少的人数实现最大的收入目标，节省的成本可以拿出50%作为部门的奖金池来分配；增效，是以不变的人数，干出更高的业绩，可以给予相应的激励。

即使员工个人收入逐年增长，我们也不能保证他一定是稳定的，因为越是优秀的员工，他的关注点越是不在当下的薪酬上，他们会更在意自己十年之后的远期价值。

因此作为老板，要为团队创造不断提升能力、增加收入的平台，要让企业的成长速度快于员工的成长速度，要让员工在这个企业始终有上升的空间，否则员工就会流失，这不是加薪等手段能解决的问题。

141．医生要不要做二开绩效？怎么做？

首先建议医生一定要设置二开绩效，医院有明确二开要求与没有二开要求，业绩相差很大，一般机构在设置二开绩效之后，业绩能够提升10%～15%。但是，并不是所有医生能够做好二开。想要医生能够做好二开，需要满足以下几点能力要求：

①医生要有高超的技术水平，这是最大的前提，技术不行的医生无论如何也不可能把二开做到很好；

②医生要有强大的沟通力，这决定他未来有没有作为（情商高、有共情力、有同理心）；

③医生要有卓越的审美能力，医生首诊制是趋势，顾客的蜕变方案原则上都是医生主导的，所以医生的审美能力非常重要；

④医生要有经营思维，要知道医美机构销售的核心不是产品而是技术溢价；

⑤医生要有顾客视角，懂得顾客的话背后是什么道理，不能内向思维；

⑥医生要有行业的影响力，认为自己好没用，要有高水平的大咖认可你。

建议医生团队平时也要安排销售培训，医生也是隐形的卖手，医生一旦在沟通上开了窍，业绩方面将是一个巨大的颠覆。

医生的二开绩效机制设置，核心在于医生操作复购客户的绩效要超过新客户的绩效，这样医生才更愿意去做二开。

142. 企业亏损的情况下，如何优化薪酬体系和绩效机制？

薪酬与绩效优化的前提要抓住两个关键词，"降本"与"增效"，但是很多老板思考问题的时候往往是降本在前，增效在后，这个逻辑是有问题的。因为降本不一定增效，但增效一定会降本。

而且，在规划"降本"与"增效"的时候，我们要注意几个关键点。

降本：

不要降核心员工的薪酬，这样会影响士气与团队的稳定性；

不要降广告投放预算，这样会影响业绩与品牌势能；

可以关掉亏损门店，降低经营成本；

可以与房东沟通，降低房租等运营成本。

增效：

通过工作量的衡量转变，提升员工工作饱和度，从而提升人效；

在员工底薪不变的情况下，对工作质量提更高的要求（如客单价/上门量/成交率/复购率/顾客满意度等，每个提升10%，增效就很明显）。

143. 与员工制定对赌协议，因不可抗力因素没有完成，怎么办？

这是一个两难的问题：如果老板因为员工闹情绪，就在员工没有完成绩效对赌的情况下发了绩效激励，就代表企业没有遵循既定的原则，所有的制度都有商讨的余地，那么以后员工可能会经常闹情绪，逼老板妥协让步；如果坚持原则不发，则员工可能会失去工作的动力，认为老板没有人情味，跟着老板挣不到钱。

这个问题既考验老板的格局，也考验长期以来老板与员工建立的信任关系。因为每家机构的创立时间、员工关系等客观情况不尽相同，所以解决这个问题其实并没有标准答案，其核心只有四个字"真诚面对"，与员工坦诚沟通，让员工了解企业当下的经营现状与面临的困境，然后给出两个解决问题的建议：

①核算出业绩到底有多大影响，按照不可抗力因素影响的月份等比例缩小业绩考核目标，如完成则给予适当奖励。比如今年的对赌业绩目标是1个亿，如果今年机构所在城市因不可抗力影响有3个月没有能够正常营业，那么可以将业绩目标等比例缩减为7 500万，如果完成则团队正常拿对赌激励，完不成则没有。

②如果等比例缩减之后依然完不成对赌目标，而老板又考虑稳定团队军心，可以与团队商议将今年的PK金平移到明年继续对赌，原则上不让员工有财产损失。

144. 老客激活后产生的业绩如何分配？

根据其他机构的操作经验，这些激活后的顾客90%都会流向医美销售，只有10%可能回到生美消费。那么关于这批顾客激活后所产生的业绩也可以分成几种情况：

①生美预存款消耗医美业绩

激活老客如果在生美还有预存款，且激活后邀约到医美产生生美预存款消耗的业绩，与原生美店按比例分配提成，原预存款以外新增的医美消费业绩，与原生美门店无关。

②生美预存款消耗生美业绩

激活老客如果在生美还有预存款，则激活后产生的生美储值消耗业绩归原生美门店所有，但可以按一定金额或比例给激活中心发绩效激励。

③无预存款顾客消费医美业绩

无预存款老客所产生的医美业绩与生美团队无关，因为沉睡顾客资源属于集团公司的客户公池资源，与以前所属的生美门店没有任何关系。

④无预存款顾客消费生美业绩

激活老客在无预存款状态下产生新的生美业绩储值，新增储值业绩归生美门店，但须按一定比例给激活中心发绩效激励。

145．渠道新招聘市场高管，能自带资源，是否要给返点？怎么定？

这个问题的矛盾点在于：如果不给带客返点，则高管没有动力带客，无法充分发挥这批资源的价值；如果给带客返点，就不能是只针对某一个人制定政策，而是全院员工都可以开发自己的资源，为机构贡献业绩并拿到自己应得的回报，否则有失公平。但是这样一来，很可能有部分员工在利益的诱惑下将正常的渠道顾客转介绍（非美容院顾客）资源当作自己的直客带到院内，让机构利益受损的同时，也会影响合作店家对机构的信任。

因此解决这个问题的核心在于：如何避免高管带来的直客资源与机构的现有顾客资源存在重叠。在这里给出几点建议：

①设定高管直客提成

机构一旦设定高管自带直客的绩效提成，就不能够掖着藏着，或者只针对部分高管，而是要写入明确的企业规章制度，并且全员公示宣布。具体的提点建议为20%～25%，或者渠道合作提点的1/3-1/2，具体根据自己机构的情况制定。

②甄别直客个人信息

高管自带直客资源必须登记身份信息、留手机号，且身份证地址与手机号所在地与机构辐射区域不重叠，如渠道机构辐射全省，则省内顾客不可作为高管直客消费，否则会让合作店家失去安全感。

③严守企业高压线

机构有权对高管自带的直客资源进行回访跟踪，一旦发现高管弄虚作假则作为企业高压线，给予严重处罚。

以上建议仅针对高管自己开发的直客资源，企业股东、高管自己的圈层人脉资源及市场、咨询管理层借助机构资源开发的顾客不在此范围内，具体可根据机构实际情况制定绩效激励或纳入高管分红体系。

146．销售岗的底薪给多少才合适？

我们在招聘销售岗位的时候也遇到这样的问题，员工在入职的时候肯定都希望能够拿到比较高的底薪水平，一方面是让自己的收入更有保障，另外一方面销售到了一个新的岗位需要一定的时间去熟悉业务、积累资源，初期都很难做出比较高的业绩、拿到满意的薪酬，如果底薪太低，这个阶段的家庭支出可能就会遇到问题。

所以如果企业给出的底薪太低，可能会失去很多简历，也会失去很多招到优秀员工的机会。针对这个问题我们制定了阶梯制的底薪与提成制度，可以供大家作为参考。

在新员工入职的时候，我们提供4 000、6 000、8 000三种底薪供员工自己选择，区别在于4 000元的底薪可以按照公司的提成制度拿到100%的绩效，6 000元的底薪能够拿到70%的绩效，而8 000元的底薪只能够拿到40%的绩效。

新员工因为对于自己的成交能力没有充分的信心，在半年的"新手保护期"内一般都会选择8 000元底薪，随着对产品了解与销售能力的提升，在产生了一定的业绩之后，可以重新选择底薪与薪酬体系，每位员工拥有两次重新选择的机会，而且底薪只能从高往低选，不能够反向选择。

如果员工一直没有明显的能力提升，不具备选择更低底薪更高提成的实力，那么在"新手保护期"内就会被迅速淘汰。

147. 自有生美门店输送轻医美顾客，用不用绩效考核？怎么做？

一个生活美容转型轻医美的门店，最关键的考核指标是生美顾客的轻医美普及率，比如生美有1 000个顾客，那么我们考核的就是这1 000个顾客中有多少普及消费了医美的品项，从长久来看，完成了多少业绩并没有太大的价值，能够做到高普及率的机构，才是有长久竞争力的。

在对员工的绩效考核方面，也不建议将业绩指标放在首位，而是应该优先考核提成机制。因为提成的机制更多的是激发人的斗志，而业绩考核是在管控人性、是在做约束。

关于这个阶段的提成机制我们建议采用动态提成机制，具体从如下几个方面去制定：

①不同品项性质设置不同的提点

引流品项的业绩提点可以设置得更高一些，转化品项的提点可以居中，客单价比较高的品项提成定低一些。因为对新的轻医美门店来说最重要的是引流，越到后面生美门店的价值就越来越低，更多的是靠医美团队的销售能力。

② **不同的顾客分类设置不同的提点**

根据顾客的消费力、消费频次与客情关系，可以对生美顾客进行分类，比如A类顾客、B类顾客、C类顾客。输送难度系数越高的顾客，提点可以越高一点，难度系数比较低的、很容易普及的，提点可以降低一些。

③ **这个阶段的业绩指标完成率决定下个阶段的提点**

例如上个月的业绩指标完成率，决定了下个月的提点比例。这样团队就一刻也不能放松，因为今天最高的标准就是明天最低的要求，一旦这个月想要躺平，就会影响到下个月的提成。考虑相对的公平性与人资的薪酬计算难度，也可以把考核的频率由月度变成季度。

动态业绩考核对于人力资源来说是提出了更高的要求，因为计算的维度更多，计算的工作量也更大，但是对于企业来说，是更科学的薪酬计算方式，这样多维度的考核才能够保障机构的良性增长。

否则只考核业绩指标，就会导致所有人都去抓大客老客，看似出了很大的单，业绩完成得很好，实际上对于未来没有太大的价值。

148．双美机构一卡通的会员卡业绩该如何分配？

这个问题没有标准答案，因为每家机构都不是一张白纸，都有着各种各样的历史遗留问题。在制定一卡通业绩与提成分配方案时，必须充分考虑这些历史问题，否则可能会有失公平，或者伤害到部分高管的积极性。

在此仅提供一些思路分析，建议机构在具体的执行中灵活掌握：

关于一卡通业绩分配——

在一卡通业绩分配板块，我们服务的某双美机构的操作思路值得借鉴：将充卡权都交给生美，所有的业绩也都归在生美板块，医美只拿消耗业绩。

在开始阶段，医美咨询师会感觉内心不平衡，因为他们需要给顾客调频、铺垫、辅助生美充卡，却拿不到一卡通的充值绩效，在这个阶段需要给咨询师调频，让他们理解所有的充卡都是为了耗卡，如果没有充值就没有耗卡。

关于一卡通绩效分配——

①销卡拿全额，耗卡没绩效

这是最不建议的绩效方式，也很少有机构还在采用这种方式，因为这样会驱动高管不断想方设法去拉动顾客的储值，却没有人关注储值的消耗，企业的负债就会越来越重，而且高管可以随时考虑离职，而他离职后留下的储值未耗款顾客，因为没有绩效提成，也没有人愿意管。

②销卡没绩效，耗卡才有钱

这样做的好处是高管稳定性更高一些，一个手中有大量储值未耗款的高管一般不会轻易离职，因为一旦离职这些业绩就等于拱手送人了；弊端是高管可能对卡项销售的热情不高。

③销卡拿小头，耗卡拿大头

将一卡通绩效分为两部分，储值销卡拿小头，顾客消耗拿大头，可以考虑按照三七，或者四六的比例分配，这是目前比较建议的分配方案。

具体的销卡与耗卡提点分配一般需要财务进行具体地测算：从高管的角度来考虑，只要没有影响到其个人的收入，甚至只需要努力就可以拿到更高的绩效，那么就是合理的分配模式；从公司的角度来考虑，只要能够激励员工努力工作，不产生内耗，为企业创造更多效益，并且能够有助于核心团队的稳定，那么就是合理的。

149．老板是机构的"招牌"，顾客都找老板，其他员工工作不饱和，怎么办？

在医生自己做老板的机构，咨询师喜欢卖老板几乎是通病。因为自己创业开机构的老板，一般不仅代表着机构技术的天花板，同时也具备较强的沟通交流能力与方案成交能力，而且非常认真负责。所以，卖老板的项目不仅客单价高、成交率高，而且极少出现客诉风险。

但是，这样的结果对于机构的长远发展来说却是非常麻烦：一方面老板的精力都沉浸在手术室里，根本没有时间去提升自己的认知、思考机构的发展战略；另一方面其他医生得不到学习成长，也很难长期留得住。最终，老板的精力就成了企业增长的天花板。

要改变这种情况有两个思路：

① 通过价格体系调整

调整机构价格体系，老板亲自操作的项目定价比其他医生高50%以上，或者老板只超过××万元以上的项目（资深老客除外），通过定价筛选出一批高端优质顾客由老板亲自操作，其他达不到价格底线的顾客均交给其他医生操作。

② 通过薪酬体系调整

因为卖老板的项目客单价更高，对咨询师的能力要求更低，所以销售提成降低50%，咨询师只能够拿到一半提成，人性的本能会驱动咨询师自动去推荐其他医生。

第五部分 05

招聘篇

RECRUITMENT CHAPTER

你辅导员工过程中眼睛里流的泪,一定是你招聘员工过程中脑子进的水,冠军是选出来的,不是培养出来的。

—— 勇者说

150．企业哪些岗位适合外招，哪些适合内部提拔？有什么注意事项？

一个企业有两种人是建议从外部招聘的：高管和基层岗位。中层管理人员则建议从企业内部提拔。

招聘高管是为了吸引外脑、为企业的发展引进新鲜血液，引进的高管能够陪企业走多远，一方面看缘分，另一方面看在招聘与任用过程中的几个核心关键点：

①闻味道

一个企业的价值观，就是企业的味道。我们在招聘高管的过程中，除了关注其学历、能力、经历、阅历等外在的显性因素之外，还要考量其性格、动机、价值观等隐性因素。

招聘过程中的"闻味道"，就是从价值观的维度考量候选人与企业的匹配度，价值观一致的人才能够在企业中快速融入，并且与企业持久地走下去。

②包容心

人无完人，用人所长则天下无不用之人；用人所短则天下无可用之人。即使是高管，我们也无法招到尽善尽美的人才，这时候就需要摆正心态，用人的长处，包容人的缺点。

③听问题

外聘的高管，最容易发现企业中存在的问题，尤其是存在已久，企业现有人员难以发现或者认为没必要反馈的问题。因此任用外聘高管就接受第三只眼睛看企业，接受其提出来的问题，即使这种反馈让你感觉不舒服，也要坦诚接受、理性分析。

企业的基层员工只能从外部招聘，为了提升招聘质量，建议优先招聘两种人：

①招有大厂工作经验的

因为大企业出来的人相对来说更具有与岗位及职业相匹配的专业技能与知识储备，而且经历过完整的企业运行流程与管理规范，更容易快速适应企业的管理与文化。

②招管培生

管培生的优势在于一张白纸，没有受其他企业的管理风格影响，没有不良的工作习惯，更容易按照自己对人才的需求进行定制化培养，使之成为"又红又专"的企业中坚力量。

中层人员一定要从内部提拔，因为高层是制定战略的人，而中层则是带领团队去执行战略的人，是企业中承上启下、承前启后的重要腰部力量。

内部提拔中层领导一方面是为了战略的高效执行，另外一方面则是为了给基层员工职业上升的机会与路径，提高基层员工的稳定性。

内部提拔中层管理人员需要关注两个方面：

①科学的方法论

明确岗位的胜任力模型（即胜任这个岗位需要具备哪些能力），依据胜任力模型评估候选人的潜在特质，并且在提拔前根据候选人的能力差距制定针对性的培养带教方案，尽可能确保岗位的匹配性。

②闻味把脉

依据企业的味道（价值观）给候选人把脉，评估其是否符合岗位画像。必要时可以找到团队其他员工进行民意调研，根据团队的反馈判断其是否值得被培养为中层。

151. 医美行业为什么不建议招"苦大仇深"的员工？

阿里招聘注重"苦大仇深"；

华为招聘注重"一贫如洗、胸怀大志"；

链家招聘广告直接下沉县城乡村，并承诺"改变自己的命运"……

很多企业在招聘员工的时候都喜欢"苦大仇深"的候选人，因为看重他们身上"穷怕了、能吃苦、想成功"的特质，认为这样的员工工作刻苦、抗压能力强。

稻盛和夫把员工分为三种：一种是自燃型，自我驱动，自我燃烧；第二种是点燃型，需要别人在背后推一把；第三种是阻燃型，怎么点都点不着。

很多"苦大仇深"的员工都是自燃型员工，他们普遍有三个特点：

第一，永不满足。用极致的标准要求自己，一定要把事情做到最好，渴望成长和成功。

第二，大心脏。勤奋努力，不玻璃心，不需要盯着进度，不需要催，甚至会来催着你今天要做什么。

第三，善于学习和反思。除了做好工作，还知道怎样把工作做好。结果＝能力×意愿，他们有通过学习反思变得更好的能力，也有点燃自己纵情燃烧的意愿。

但是很多"苦大仇深"的员工在医美行业却很难混到风生水起，因为：

①情商方面可能存在硬伤

每个人的成长都与原生家庭息息相关，原生家庭带给人们职业方面的影响包括价值观层面和人际交往情商层面，一般来说学历越高、人的成熟度就越高，受原生家庭的影响程度就越低。

医美行业的很多岗位都对情商有较高的要求，一些"苦大仇深"且没有受过较高教育的员工，在情商方面可能存在硬伤，难以满足岗位需求。

② 价值观与顾客难以同频

医美属于"消费医疗"的范畴，顾客在医美方面的消费并非自己的刚需，尤其很多品质医美机构的主力客群是拥有极高消费力的高净值阶层。很多"苦大仇深"的员工经常出现的一个问题就是"以自己的收入水平来判断顾客的消费力"，带来的问题就是销售格局难以打开，在成交方面自我设限，甚至出现过员工认为自己机构的客单价过高，涉嫌欺骗消费者的闹剧。

③ 消费观限制自我提升

医美从业者需要不断投资自我、提升自我，从项目打板到梦想战袍，从学习提升到品位修炼都必须有一定投入，才能够跟得上行业发展，赢得顾客在审美品位方面的信赖与认可。而一些"苦大仇深"员工的消费观往往受原生家庭影响比较深远，储蓄意识较强而投资意识比较弱，限制了自我提升与职业发展。

不建议医美机构招聘"苦大仇深"型的员工，并不是完全拒绝这类员工，而是在招聘时要谨慎考量原生家庭不够理想的员工是否存在上述问题，避免入职才发现培养难度过大，悔之莫及。

152．机构医生水平一般该如何培养？如何吸引优秀的医生？

医生的技术水平是机构的核心竞争力，因为无论哪种类型的医美机构，顾客花钱购买的都是医生的最终交付效果，所以机构在培养医生与外聘优秀医生之间至少要选择其一，具体选择哪一个方向，则要根据机构的实际经营状况与人才的招聘难度。

关于医生培养的建议如下：

① 请进来

在现有医生具备较高的技术水平之前，可以在行业内选择具备较高技术水平与审美沟通能力的大咖级专家入企坐诊，一方面满足机构现有存量中优质顾客的求美需求，另一方面提前沟通好给自己医生提供现场观摩学习的机会，逐步提升其技术水平。

② 走出去

选择优秀的医美技术教学平台，老板亲自带领医生团队外出学习，引进先进的技术与实操经验，并结合内部打板，不断打磨医生的专业技术，提高交付品质。

③ 去国外

带领医生到韩国、日本等医美技术领先的国家参加学术交流会议，一方面学习先进技术，另一方面增加医生的学术背书，为品项提升溢价空间。

④ 标准化

在医生技术水平提升的情况下，梳理出业务流程标准化文件，形成产品的标准化、体系化，积淀出企业的技术资产。

如果选择招聘更优秀的医美专家，在薪酬之外可以通过股权、分红、合伙人等制度提供激励，将医生的角色从打工人变成事业合伙人，以吸引优秀的人才加入。

当医生成为合伙人之后，就可以在品项创新、产品组合创新、流量运营方面给机构带来更有价值的贡献。

153．市场招聘慢，新员工无资源，团队力量太弱，如何破局？

在很多机构里，新招来的员工很难公平地分到优质的店家资源，因为好店老店往往都在老员工手里，没有特殊情况很难重新分配，因此新员工只能拿到一些老员工不要的资源，即使能力较强也很难产出优秀的业绩，长此以往会导致团队贫富差距加大，有能力的新员工就容易流失；而且老员工在对老店家的服务过程中，往往已经建立了深厚的客情关系与认可、默契，如果强制把老店分给新员工，需要再经过一段时间的磨合，如果在磨合的过程中店家对新员工不认可，可能会导致店家的流失。

那么这样的恶性循环应该怎样破局呢？我建议可以考虑两个破局点：

①从业务团队中抽调出最优秀的人，不再从事一线做业绩，而是脱产做新员工的教练，带着新员工去服务店家，并且在服务过程中建立标准化的工作手册，形成容易复制的标准化工作体系。

需要注意的是，"带教"不是"代劳"，新员工教练要做的是按照"我说你听、我做你看、你说我听、你做我看"四个步骤教会员工如何工作，而不是自己帮助员工做业绩。另外带教每个新员工带他们服务3-5家门店，带教过程中需要进行多项业务能力与成果考核，考核合格则单独分配门店，考核不合格则淘汰。

②建立市场公海机制，每个员工能够服务的店家数量有限，他们只会选择配合度最高、顾客质量最好、最容易产出业绩的门店来投入精力，很多质量不高或者服务过程中出现过问题的门店很可能就会进入沉睡阶段，如果没有公海机制，这批老店就会死在老员工的手里。因此我们建议当一个门店连续6个月没有产生业绩或者6个月没有产生新客，就

进入公海重新分配给新员工去服务，为了让老员工愿意投入精力配合新员工去激活老店，可以考虑激活门店短期内产生的业绩给予老员工部分绩效激励。

154．初创企业需要招聘很多人，招聘顺序要怎么定？

绝大多数企业招聘的顺序都是错误的：所有空缺岗位一起招，先招到哪个算哪个，往往先招到的都是比较基层的岗位，等到管理层到岗之后，通常会发现现有的人才与自己理念不和、观念不一，能力水平也达不到其要求，要求换人。

这个时候老板就会把自己陷入两难的境地，换高管？人才难得；换基层？兴师动众。

招聘的正确顺序是先招将才，再找基层管理与执行人才，而且基层的招聘要让团队负责人参与甚至主导，这样才能建立一支观念一致、能力匹配、能够协同工作的团队。

如果是初创型团队的话，建议最先招的是负责招人的人，也就是人力资源总监，由专业的人负责专业的事，才能够在最短的时间内高效完成团队招聘。

155．员工面试都要老板本人面试吗？

很多老板不喜欢亲自面试员工，他们认为自己太忙了，总有比面试更重要的事情需要做，面试由人力资源和用人部门的负责人来负责就可以了。

事实上为什么这些老板总是忙得不可开交呢？原因就在招聘上，因为HR和用人部门没有招到优秀的人，才导致老板需要降级去做部门负责人的事情。当一个老板总感觉自己员工不行、团队不行，需要自己亲自出马去补短板、收拾烂摊子的时候，却依然不愿意花精力在招聘上，这就有点荒谬了。

所以，老板不仅要负责企业战略的制定，更要花足够的精力去建组织、招团队，尤其是初创阶段的企业或者小而美的公司，**企业核心的前几十个人一定是要老板亲自面试的，因为你招聘的不仅是当下可以胜任该岗位的，也是未来能带团队的人**，这些人的能力水平与价值观在很大程度上决定了你的企业未来能走得多远，做到多大。

如果企业已经有了成千上万人的规模，已经建立了成熟的招聘与培训体系，那么老板可以不用亲自参与每个人的招聘面试，但是管理层与核心人才的招聘面试是一定要参与的。

156．从其他机构挖来的人，是不是也会被别人挖走？

首先，我们为什么要从其他机构挖人？解决的是时间窗口的问题，因为自己培养人才的周期太长，如果完全依赖内部人才培养，可能会让企业失去发展的窗口期。

其次，人才为什么愿意被我们挖来？一方面是为了钱，跳槽往往意味着更高的收入；另一方面为了职业发展，希望在新的平台得到更好的发展机遇。

很多企业挖来的人之所以会被挖走，并不是因为给的钱不到位，而是因为来了之后看不到企业发展的希望，当企业的发展进度低于员工的成长进度与期望值的时候，很多优秀的员工就会因为看不到希望而离职。

员工的忠诚是双向的，企业希望员工忠诚，就需要给予其足够的信任、关怀、授权与成长机会，当然也需要价值观的同频，让挖来的员工尽快融入新的企业文化氛围。

挖人是门学问，留人同样也是。

比如机构想做轻医美连锁，挖来了很好的微整医生，如果担心医生被人挖走，可以通过股权激励等方式，让他有机会成为轻医美连锁的股东，这是他在其他机构很难得到的机会，自然就不会轻易跳槽。

157．如何到对标机构挖人？

一般情况下，挖人有两条路径，比较常见的是通过猎头公司去挖人，猎头招聘的优势是：

①**速度快**：猎头公司一般都有自己的人才库，能够快速匹配到机构所需的人才，在比较短的时间内拿出足量的简历供筛选，并安排面试；

②**选人准**：猎头公司一旦熟知企业的用人标准与招聘画像，能够主动去搜索匹配人才，从岗位适配到能力画像，都能够比较准确地匹配到企业所需的人才，降低用错人的情况；

③**有保障**：招聘的人才到岗并不是猎头服务的结束，他们一般都会用一定的时间跟踪候选人在企业的工作情况，一旦出现试用期未通过的情况，猎头公司能够快速候补人才。

所以通过猎头公司招聘虽然有一定的成本，但是相对还是比较靠谱的。

如果企业不想通过猎头公司招聘，想要自己去挖人，那么最快的路径是到对标机构那里去做顾客，在消费体验的过程中，去发掘符合自己用人标准的人才，留下联系方式，通过后续的联络去挖人，不过这种挖人一般需要看缘分，可能很快就挖到让自己满意的人才，也有可能忙了很长时间依然一无所获。

无论通过哪种方式去挖人，都需要先招个好的人力资源总监，毕竟企业所有的战略都需要通过组织去实现，一个优秀的人力资源总监，才能够帮助老板招到更多实现战略的优秀人才。

158．机构员工到底需不需要保底工资？

首先，为什么给保底？

因为在医美行业，医生、咨询师等核心岗位的薪资保底已经成了"行规"，因为其他机构都给保底，所以你如果没有保底，很难招到像样的人才。

其次，为什么给了保底，工作就没动力？

因为只有保底而没有考核，导致员工干多干少拿的钱都是一样的，所以从人性的本能上来说，这对企业不公平，对努力工作的员工也不公平。

其实，招人的秘密不在钱上，招人主要分三层：

第一层：招合伙人

1995年，年薪70万美金的蔡崇信以500元人民币的月薪加入阿里巴巴，就是一个经典的"招合伙人"案例。好的合伙人可以改变企业的基因，蔡崇信加入阿里之后，带来了阿里发展过程中的几个关键事件：

①明确了员工持股制度；

②带来了高盛500万美金的天使投资；

③拒绝了孙正义4 000万美金入股49%的投资计划，保证了阿里的控股权；

④帮助阿里融资8 200万美金。

真正的人才不是工资吸引来的，真正的人才更看重自己未来十年的价值，高手以合伙人的心态加入企业，看重的并不是眼下的薪资，而是受到企业的使命愿景的感召，使命让人信、愿景使人燃，才能够吸引到事业合伙人。

第二层：招高管

优秀的高管往往不是外部招来的，而是从基层员工中培养出来的。很多企业花大价钱从大企业挖来高管，却不得不面临这些"空降高管"进入公司之后的"水土不服"甚至频繁流动。

因此，很多企业都喜欢选择优秀的员工培养成为高层管理人才，扎克伯格就曾经说过：我做过最明智的一件事就是给予员工大量的机会。

内部培养高管拥有哪些好处呢？

①**价值观相近**：在企业战略层面，高管更需要与创始人拥有更多的共识与一致的目标，这样才能够避免高管的决策与创始人的预期产生分歧，导致双方的想法都不能很好地落实。对于创始人而言，从内部培养的管理层更知根知底，也更容易得到支持与信任。

②**归属感更强**：与外部高管需要一定时间来融入企业文化相比，与企业一起成长起来的高管更加容易认同企业文化。比起薪资和股权激励，强烈的归属感和主人翁意识更可能促进他们克服重重困难去完成企业的使命。

③**稳定性更高**：经过企业多年培养的员工，往往拥有更高的稳定

性，不会轻易离职跳槽。高管的稳定任期，对于保持企业发展战略的一致性和连贯性，推动企业循序渐进地良性增长有着不可估量的作用。

④**业务更熟悉**：从基层走上来的管理者，对企业的产品、经营、客户、人脉都非常熟悉，因为在做出决策的时候，想法也会更加切合实际，在落地执行过程中也更容易取得上下的支持，更能够轻车熟路地调动企业内部的资源。

当一个企业建立了成熟的内训人才选拔机制，既能够发掘提升企业雇员的能力，培养出认同企业价值观、对企业忠诚度高的管理层，又能够激励员工的个人发展，提高企业的人才黏性。

第三层：招基层员工（执行层）

员工的层面越低，对薪资的重视程度就越高。因此在招聘基层员工的时候，我们建议要给予超出行业平均水平的优厚待遇，这样才能够优先选择更优质的员工，对员工提出更高的要求，同时能够换取更高的员工忠诚度。

在对基层员工的薪酬激励方面做得比较好的是海底捞，与其他餐饮机构相比，海底捞对员工形象与情商等方面的要求更高、工作强度也更大，而海底捞通过提高薪酬、提升员工福利等方式，招到并留住了一批优秀员工，从而支撑起让顾客称赞的"变态式服务"。

159. 高端轻医美机构计划只招聘台湾地区的医生，合适吗？

其实站在顾客的视角来思考问题，他们在意的只是医生的技术、审美、沟通与效果。

目前医美行业中我国台湾地区的医生比较受欢迎，因为他们的形象比较儒雅温润符合顾客心目中对微整医生的期待，并且在沟通交流能力与轻医美技术方面表现比较优秀。

高端轻医美机构想要满足高端顾客的需求，招聘哪里的医生并不重要，医生的实力才更重要，满足技术精、形象好、情商高这几项要求的医生，基本都能够得到顾客的认可。

另外在医生的选择方面，还需要依据线上化营销获客的场景，选择上镜感好、面诊能力强、表达能力优秀的医生。这样的医生虽然招聘难度会比较大，但是对机构业绩的贡献价值会远超普通医生，因此性价比会更高。

160．三四线城市如何挖掘有经验的医美核心人才？

在过去的几十年中，一线城市的人才虹吸效应吸引了大批优秀的人才，导致小城市招聘难这个问题由来已久，一般情况城市越小，优秀的人越难招。

在这种情况下，重金从大城市挖人与跨界招聘这两条路其实都是成立的，关键看如何操作。

在这里，关于三四线城市人才招聘给几点建议：

① 跨城市招聘

重点招聘对象为目前在北上广深等地的医美机构工作，但是没有能力购房安家的优秀人才。

招聘路径可以考虑通过熟人圈子介绍，很多一二线城市都有各种民间的老乡组织，比如"南京赤峰商会""延边人在南京微信群"等，很多身在异乡的人经常会通过这些组织交换信息、联络感情，如果能够进入这些组织内部，往往能够精准地找到符合自己目标画像的人才。

但是在这类人才招聘的时候需要注意一个问题，不要被候选人在前一份工作中的成果所迷惑，因为他在之前的岗位上能够做出很好的成果，可能只是因为拥有很好的平台与资源，个人只是一个具体的执行者，而不需要有很强的个人能力与创新思维。当新的机构无法给予这些优秀资源，需要他自己去努力的时候，个人能力的短板可能就暴露出来了。

②跨行业招聘

在医美这个薪酬被普遍高估的行业，跨界招聘的利好在于可以为组织引入受教育程度普遍较高、视野思维更宽广的人才，提升组织的活力。

其实招聘与人才任用一样，核心在于"跨行不跨岗、跨岗不跨行"，如果跨行业招聘，就需要招聘的岗位与候选人目前从事的岗位相同，比如招聘美团运营岗，候选人可能没有在医美机构工作过，但一定在其他行业是一名优秀的美团运营，这样他的工作逻辑是相通的，只需要培训医美专业知识即可。如果既跨行又跨岗，培养起来就会非常痛苦。

③人才培养

其实除了跨市招聘与跨界招聘之外，医美机构想要拥有优秀的人才还可以选择第三条路径，那就是人才培养：从现有团队中选择虽然能力水平一般，但是价值观正、文化水平较高、学习意识与自驱力强的员工，通过课程学习、探店学习、轮岗考察等综合方案进行重点培养，培养一批核心人才。

161. 连锁直客计划开新店，没有合适的店长人选，怎么办？

机构之所以会遇到这样的问题，核心原因并不是人才招聘难，而是目前每个店各有各的打法，没有形成真正的标准化。在这种情况下，无论是从老院内部提拔还是从外部招聘来的院长，到了这个岗位上之后都会非常艰难，这也是传统的医美整形机构难以实现真正的连锁化复制或者"连而不锁"的重要原因之一。

当下最理想的状态是选出最好的门店进行标准化的体系复制，然后开连锁化小店：

①品牌名称统一，营销推广集约化，不需要每家店单独配置美团运营；

②将集团中台做大做强，门店只需要具备交付与运营功能；

③每家店300平方米左右，只配备基础设备，大设备多店轮转，充分发挥设备价值；

④员工人数控制在20人以内，有一个总经理就可以管理。

这种模式目前已经通过多家轻医美连锁机构验证可行，不仅月产值可观，而且院长的招聘与任用变得更简单，更重要的是门店进行快速连锁化复制成为可能，能够在短时间内快速扩张，真正形成顾客心智中的品牌连锁。

基于这样的商业规划，当下建议机构可以考虑招聘操盘做蛋白、薇琳等轻医美连锁品牌的操盘手，或在其他服务行业成功操盘过连锁机构的跨界人才。

162．四线直客没有专业的招牌医生如何招聘？中医证医生是否可行？

首先皮肤科的业绩增长是行业发展趋势，30万元的业绩水平未来还有比较大的增长空间，但是如果没有专职的皮肤科医生，很多仪器项目就没有办法完成双认证，进行线上引流。

在一二线城市，有一些轻医美连锁机构比较注重品牌与服务的打造，采用去咨询和医生化的商业模式，不注重医生的知名度与市场号召力；但是在四五线城市，顾客比较注重口碑营销，更需要好的医生拉动品牌高度。

如果所在城市没有好的皮肤科医生，建议要花比较大的精力去投入招聘，可以初步预算7万-8万的招聘成本，优秀的医生能够有效提升团队与顾客对皮肤科的信心，也能够大幅度提升皮肤科业绩的增长。

例如我们服务的另一家顾问案机构，就是在明确了聚焦皮肤科业绩增长之后，从直客头部机构招到了一名非常优秀的皮肤院长，业绩很快就有了明显的增长，这个思路非常值得借鉴。

持中医证的皮肤科医生未来在推广上可能存在硬伤，如果机构仅有一名皮肤科医生的岗位计划，建议将薪酬预算稍微再加一点，招个更好的；如果计划搭建皮肤科医生团队，而该医生能力又确实不错，建议可以作为第二梯队人才招聘。

163. 生美连锁店长能否到直客做老客激活部门的负责人？

生美机构的成熟店长身上一般有几项非常优秀的特质：服务意识强、擅长与顾客建立客情关系，而且普遍目标感与执行力比较强，这些特质决定了他们比较适合进行老客维护与沉睡客激活的工作。

他们的劣势是医美专业知识比较薄弱，对机构的项目不太了解，但是这个短板是可以通过培训与考核来弥补的，学习力比较强的人，通过系统的培训，一般不需要太长的时间就可以熟练掌握。

164. 轻医美门店招操盘手，胜任力模型是什么？

轻医美机构要想稳步起盘、良性发展，一个好的操盘手必不可少，那么轻医美门店负责人的胜任力模型是什么？什么样的人才能够做好轻医美门店的经营呢？

在这里给出三点思路：

①过硬的专业知识

轻医美门店的经营者需要对医美行业有深刻的认知，熟知医美行业的顾客群体、经营模式、业务流程等等，才能够在这个岗位上驾轻就熟。所以首选成熟的传统直客医美或者轻医美机构的经营者或运营官。

如果招聘的是没有操盘过医美机构的跨界人才，最好本人是资深的轻医美用户，不仅体验过诸多项目，而且对医美行业的顾客视角比较了解，能够精准把握顾客的需求，而且能够对轻医美行业现有的经营模式进行颠覆式创新。

另外在招聘过程中建议遵循一个原则"跨行不跨岗，跨岗不跨行"，如果从医美行业选拔人才，可以考虑虽然没有做过轻医美操盘手，但是有全盘经营思维与丰富行业经验的人跨岗任职；如果是跨界招聘，则建议选择拥有丰富运营管理经验的高层管理者，最好是大企业出来的，受过体系化的训练，自己带过团队，且团队人数不低于将要管理的门店人数。

②与企业现状互补

从外部招聘轻医美操盘手需要考虑的一个重要因素是：企业当下最缺的是什么？招聘操盘手是为了解决企业的哪些问题？解决这些问题需要具备什么样的能力模型？企业要找的新人，他的能力长板必须与企业现在所缺的短板相匹配，这样才能够实现互补。

假设企业当下的短板是线上获客能力，那么在招聘操盘手的时候就要重点考虑候选人是否具有丰富的医美线上获客经验。

③拥有成熟的打法

招聘轻医美运营官最忌讳的是纸上谈兵，因为方兴未艾的轻医美行业目前发展周期短，还没有足够的时间来验证每一种商业模式的成功经验。

因此，在招聘的时候要特别注意候选人的思路是否成熟，最好逻辑比较清晰，规划性比较强，在运营上有自己的方法论，能够提出具备实操落地性的思路。如果夸夸其谈却仅仅停留在商业设想层面，没有具体的落地执行策略，很可能将机构引入歧途。

165．渠道机构市场团队中的"政委"岗是如何甄选的？

一般大型医美机构都设有政委岗位，一般都是机构内部选出来，这是由政委这个岗位的工作性质与工作内容决定的。政委与团队长的关系就像《亮剑》中的赵刚与李云龙，李云龙作为团队长负责带兵打仗做业绩，赵刚作为政委负责带团队，保障团队的战斗状态。政委的存在一方面是为了弥补团队长管理能力与管理精力的不足，另一方面也是为了避免出现团队长离岗后团队无人接手的危机。

一般来说，政委的胜任力模型包括七个方面：

聚焦客户——具备客户思维，了解业务部门的需求；

理解业务——深入市场一线，全面了解业务流程与客户需求；

澄清问题——能够帮助业务部门找到问题的本质与解决思路；

建立关系——能够赢得团队信任，融入成为"自己人"；

结果导向——具备"以终为始"的思维模式，善于整合资源，推动战略；

有效创新——对企业制度提出优化建议，进行适度创新；

专业能力——具备招聘、激励、团队建设等人资专业能力。

综合以上描述，建议医美机构的市场团队政委从内部选拔，目标画像为：

①从一线炮火阵地上下来的，对企业的业务流程与客户需求有充分了解；

②具备较强的业务能力，能够对团队高管给予指导与赋能；

③具有一定的团队管理经验，在团队中有一定的威信，能够得到高管的认可与信服；

④情商较高，具备较强的沟通技巧，能够处理好业务部门之间、各团队之间，以及与职能部门之间的各种关系，善于整合各种资源；

⑤具备较强的职业素养与自驱力，能够及时发现问题、预防问题、解决问题；

⑥具备一定的人力资源管理专业知识，或者短期内通过学习，能够具备这方面的能力。

166．市场招聘人员淘汰率高，如何破局？

首先要客观分析这个岗位招聘淘汰率高的原因究竟是什么，招聘画像不清晰、招聘人员不匹配、新人培训没做好，还是薪酬绩效不匹配？

很多企业的招聘为招而招，只考虑入职人数，却没有想清楚到底需要招什么样的人，没有制定清晰的岗位胜任力模型与招聘画像，招聘的时候看着差不多的人就通过面试，入职之后才发现这样那样的问题，不仅浪费了招聘成本与企业发展的时间窗口，还会因人员流动率过高，对机构现有人员的心态产生负面影响。

制定招聘画像之前需要先了解该岗位的工作职责与业务流程，基于以上内容拟定招聘画像三要素：

①岗位胜任能力：知识技能、职业能力、职业素质等；

②认知资格：年龄、形象、气质、学历、专业等；

③团队基因：老板、上级管理风格或团队文化匹配下的个人喜好或行为表现。

然后，依据岗位胜任力冰山模型，制定出具体的人才招聘画像。

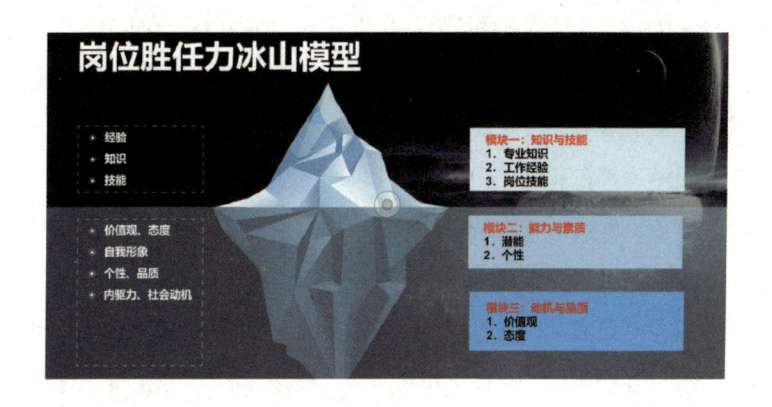

图3 岗位胜任力冰山模型与人才画像

另外，也可以通过对现有该岗位的人才进行能力盘点，找到优秀人才的共同点：比如既往工作经历、年龄段、学习水平、性格特征，甚至籍贯等方面的共同特征，作为胜任力模型的条件补充。

比如某医美机构通过盘点发现，市场美导岗位中表现优秀的员工东北籍偏多，分析表明东北人普遍性格开朗、善于沟通，能够在短时间内与顾客建立良好的沟通氛围与客情关系。再就是东北就业机会较少，年轻人一旦出门闯荡轻易不会返回家乡，进取心与稳定性都比较强。因此，该企业之后在招聘市场岗位时优先选择东北籍员工，岗位匹配度与留存率都有了很大的提升。

167. 渠道医美是否需要招聘市场开发，招带资源的还是不带资源的？

是否建立单独的市场开发团队，取决于机构处于什么样的发展阶段，如果市场资源饱和，不缺美容院而是缺美导团队，则不需要单独的市场开发；如果新机构缺客缺店，则需要单独的市场开发团队。

对于渠道医美机构来说，合作店家的数量不是市场竞争力的核心，对合作店家的服务深度才是，大多数渠道机构在一个阶段内能够服务的店家数量基本都在100～200家，而业绩产出从一两千万到若干亿，其区别就在于店家质量与服务深度。

如果机构当下的发展阶段中，主要的瓶颈在于店家数量，那么可以考虑通过招聘建立专门的市场开发团队。在市场团队的招聘方面，很多老板会有这样的顾虑：自己不带资源的，短时间干不出业绩、担心留不住；自己带资源来的，薪酬要求高，而且担心容易流失。

对于这方面的问题,我的建议是不带资源的市场开发尽量不要招聘,因为培养周期过长,至少需要半年才能出徒,培养出来也容易流失;成熟的、带资源的市场开发,要的薪酬再高,也比找代理商划算。

换一个视角来考虑,员工容易流失是因为机构没有核心竞争力。与其担心员工流失,不如思考如何提升企业的核心竞争力,让他带来的店家带不走。

168.机构招聘本行还是跨界更合适?有无技巧?

招聘最重要的不是招聘路径,而是招到符合目标画像的优秀人才。只要能够招到优秀的人,本行还是跨行都无所谓。如果在本行选人,需要关注以下四点:

①尽量从对标机构招人

想要学习对标机构的经营思路,最好的方式就是从他们企业内部招到核心员工,这样能够更全面地了解到对方的经营体系,为自己的经营策略提供有效的借鉴与参照。

②尽量不要从比自己差的机构选人

如果平级招聘,尽量要从比自己机构经营实力更强的企业招人,如果是年营业额2个亿的机构要招聘运营总监,就不要从年营业额5 000万的机构去选人,因为5 000万和2个亿体量的经营思路是不同的,能够驾驭5 000万机构的人未必能够驾驭2个亿的盘,如果一定要招也建议要降维使用。

③本行的人可以考虑跨岗任用

招聘遵循"跨行不跨岗,跨岗不跨行"的原则,行业内的优秀人才如果能力具备、个人意愿强，可以考虑跨岗使用，比如原本做市场总监，且具备比较强的运营思维，可以考虑作为运营岗位招聘。

④要高维招人，不降维用人

在招人的时候，如果招不到让自己惊艳的、招不到90分以上的人才，宁愿这个位置空着，也不要轻易地去降低用人标准，凡是将就用的人，最后都是食之无味、弃之可惜。

169．培养了很多人才但留存率不高，中间出现了什么问题？

有些企业在招聘的时候认为"人多力量大"，拼命扩张团队规模，表面看上去一片欣欣向荣，实际上却因为招来的人员素质参差不齐，导致效率的急剧下滑。

除非企业已经发展到一定的规模阶段，需要选拔大批量的人才进行选拔培养，可以考虑通过校招甚至高校定制化教育去培养人才，否则一般的中小型企业尽量不要招聘新手小白。一方面培养周期长、培训成本高；另一方面对医美行业缺乏足够的了解，一旦能力提升之后，很难抵御外部的诱惑，容易为了更高薪酬而轻易跳槽，让企业得不偿失。

170．挖来的高管想要从老东家带多人入职，是否可行？

很多老板都非常喜欢从竞争对手那里挖人，尤其是从比自己强大的机构挖人，因为总认为这些人有经验、有能力、有顾客，只要他们过来就能够给机构带来很好的业绩，但现实的情况是，这些从竞争对手那里挖来的人往往很难有持续的优秀表现，当初期的新鲜感结束之后，就会暴露出各种各样的问题：原有工作经验不适用于新机构的情况、难以融入新机构的企业文化、难以与现有的团队实现良性的沟通……

在这种情况下，有些被挖来的高管就会想办法改善自己的工作环境，最快的办法就是从原机构把自己用惯了的人挖来，把与自己不同频的员工换掉。看似解决了当下的问题，事实上却给机构带来了巨大的隐患。

① 破坏团队利益平衡

挖人往往要付出高薪的代价，新人的薪酬超出机构现有的老人，通常会打破公司固有的利益机制，造成内部的利益矛盾，甚至原有团队的动荡，影响内部员工的士气，造成管理成本的大幅增加。

② 影响团队管理关系

被挖来的员工因为是组团过来的，往往会形成小的利益团体，难以融入机构现有的企业文化，甚至会对现有的企业文化造成稀释，对现有管理体系造成威胁。

③ 带来团队离职风险

能够被组团挖来的人，往往也能够被组团挖走，一旦这些人在新的岗位上没有好的表现，拿不到理想的薪酬绩效，或者外界给出了更高的诱惑，可能很快就会组团离开。

企业的成长速度，就是人才的成长速度。但是企业在组织建设方面没有太多捷径可走，自己培养人才看似很慢，却也是最稳妥靠谱的，对此我们要有足够的耐心与毅力。

第六部分 06

组织篇

ORGANIZATION CHAPTER

商业成功 = 正确的战略 X 组织能量

—— 勇者说

171. 高管提拔中操之过急，老板该如何体面地解决？

高管没有放对位置，对企业来说是巨大的灾难。一个不合适的高管可能在战略制定与执行上出现失误，不仅会导致公司的资源浪费与业绩下滑，更严重的是可能带来公司内部的动荡与不稳定，影响工作效率甚至公司声誉。

所以企业对于高管的选拔必须慎之又慎，建议选拔高管可以从以下维度考量：

①选择常胜将军

很多老板在选人的时候喜欢依据自己的主观印象去评判，任命之后才发现能力不能够满足岗位的需求，这样就会让自己和企业都陷入一个非常尴尬的境地。

在高管人才的选拔方面，最靠谱的标准是选择"常胜将军"，看这个候选人在任职期间，有没有打过几场胜仗与硬仗：一次胜仗或许有运气的成分，但连续的胜利背后一定代表了这个人身上有某种成功的特质；顺风顺水看不出高管的水平，打过最艰难的硬仗、做过很多挑战自己极限的事情，才是真正心智成熟的人才。

②选择科学任用的机制

高管的任命是一件非常严肃而谨慎的事情，为了尽量避免草率的任命导致的后续的尴尬，可以采用相对弹性的任用机制，例如：

组长制任用——在企业的一场重要战斗（如：某类销售平台S级大促活动）中设置临时工作小组，安排准备任用的高管候选人作为组长，赋予其在这个项目中的最高权力。在整个项目的推进中一方面全方位考核其能力水平；另一方面为其积累威望，提升通盘全局的领导力。

轮值制任用——在同时拥有多个候选人，难以定夺平衡的情况下，建议采用轮值制，6个月为任期，每一个符合标准的人轮流任职该岗位，能力最强的人可以在自己任期内征服对手则结束轮值，如果任期内能力表现不行，则体面结束轮值任期。

无论多么谨慎地任用，都存在看走眼的可能，一旦发现被任命的高管能力与岗位胜任力存在一定差异，且无法通过短期带教学习弥补，就必须通过坦诚的沟通与体面的"软着陆"方式撤销岗位任命，既保障企业的正常运营，又不至于让该高管失了面子导致离职。

例如借助企业内某项重要但不紧急的项目成立临时工作小组，设置临时工作小组，将不胜任的高管任命为组长，在临时小组任期内调整企业的管理与汇报机制，小组结束则体面地撤销原有任命。

需要注意的是，无论采用什么样的岗位撤销方式，都必须老板自己本人与不胜任的高管进行坦诚沟通，让该高管意识到自己的不胜任，并共同商讨解决方案，切记不可找助理或二把手传话，否则极有可能因为沟通过程的信息流失或对老板意图的曲解，而导致高管离职。

172．因业务原因把行政高管转为HRD，如何弥补个人短板问题？

根据背景与画像描述，这位HRD当下需要弥补的能力短板在于人力资源专业知识与业务专业知识。

在人力资源方面，并不需要他去躬身学习人资六大模块的专业知识，也不需要花费精力去考人力资源的证，这都没有实质性的价值，只需要给他招聘一个人资方面的助手就可以快速解决。

HRD最大核心就是要去熟悉和了解业务，因此当下最重要的是让他拿出一半的精力去轮岗，花半年的时间去了解企业的业务和顾客，例如作为客服专员给顾客打回访电话，作为咨询助理接待一些一般价值顾客，然后参与到科室运营当中，让自己具备一定的业务能力。

更重要的是在轮岗过程中给自己设置阶段性目标，比如第一个月解决客服岗的问题，第二个月比如说解决咨助岗的问题，第三个月现场咨询岗的问题，第四个月科室运营岗的问题，第五个月比如说医护交付岗的问题……当这个HRD把所有的岗位都轮了一遍之后，就像大企业的管培生一样，具备了在企业中担任重要岗位的能力。

人力资源管理要想做出价值，就必须牢固树立一个意识，自己不是管理部门而是赋能部门，只有懂业务、懂顾客才能真正站在顾客的视角去看待企业的问题，具备深度赋能企业一线业务的实力。

173. 直客是否需要会员中心？负责人人选有什么建议？

医美机构想要把顾客管理做到位，需要在团队中搭建一个铁三角组合：医护团队、咨询师团队、会员团队。咨询师团队负责销售、医护团队负责交付、会员中心则是以一个项目经理的角色，一方面基于顾客历史消费数据来规划业绩消耗与权益交付问题；另外一方面基于阶段性的效果去制定新的解决方案，然后驱动销售与交付的满意度。

一个企业最核心的资产是客户，如果客户资源只掌握在一个咨询师手里，意味着咨询师的离职和流失对企业会有巨大的影响和杀伤力，设置会员中心之后，一个稳固的闭环铁三角就成形了。

会员中心的负责人最理想的是从企业现有员工中选拔，然后招聘新人去补老人的岗位，新人做老事、老人做新事，能够最大限度降低试错成本。

在会员中心负责人的选择方面，要依据以下几个方面的因素去选拔人才：

①愿意接受新鲜事物，愿意接受挑战

这是会员中心负责人的先决条件，安于现状、不愿意走出自己舒适圈的人，则不适合挑战这个新的岗位。

②有直接服务客户端的经验

会员中心同时具备销售与服务两项职能，这个团队的负责人优先选择有顾客服务经验的业务岗，如果从赋能端选拔人才往往很难胜任。

③打过硬仗，打过胜仗

会员中心对于很多医美机构来说都属于新鲜事物，"老人做新事"虽然成功的概率更大，但是对于这个团队负责人来说，需要克服很多困难，经过调整才能够达成理想的结果。因此优先选择在企业中打过胜仗与硬仗、证明过自己能力的"常胜将军"。

依据以上三条来筛选，可能最具符合目前画像的就是当前企业中的销冠。很多老板在面对这个抉择时很难舍弃对当下业绩的追寻，而将销冠调任其他岗位。

事实上，由销冠担任会员中心的负责人未必会影响整个机构的业绩，因为会员中心服务的是机构中最核心的优质顾客，由最具备销售能力与服务意识的销冠来为他们做服务，相当于将最优质的顾客资源交到最有能力的人手中，一定能够产出理想的业绩。

会员中心是为了完成企业的战略而存在，承载的是企业最重要的良性增长，一定要舍得安排最核心的人去负责。

174. 企业到什么阶段可以开展企业文化与价值观搭建？

企业文化与价值观是贯穿于企业发展始终的，只是在不同的企业发展阶段，构成企业文化的要素与企业文化假设的核心要素不尽相同：

① 企业初创期

企业在创业初期，大部分员工都因为受到老板的想法、个人魅力目标感染而自愿加入公司。这个阶段的企业文化往往反映着创始人的信仰与价值观，这些文化元素会在企业内部成为不可触犯的天条。

② 企业发展期

处于上升发展期的企业，随着企业规模的提升形成了一套完善的企业制度，这套制度会逐渐发展成为企业文化的基石，在促进员工积极工作的同时，能够驱动员工与企业共同成长。

③ 企业稳定期

企业发展到一定规模，各方面的制度都已经趋于完善，而标准之外的员工内在精神需求，却是制度无法满足的。这时候就需要企业高度重视文化的建设，将使命、愿景、价值观凝聚为上下共同的信念与行为标准，为企业的发展提供活力。

④ 企业成熟期

随着企业的经营规模与管理水平的日益成熟，企业需要重新审视自己的文化，以自身形成的文化方向为主线，整合行业文化、子文化、社会文化，提升企业文化的理念高度，让企业文化呈现螺旋式上升的趋势。

综上所述，企业文化与价值观伴随着企业发展的始终，在不同的阶段对企业的发展起到不同的促进作用。也就是说企业在每个阶段都需要推动企业文化与价值观的建设，只是在不同的阶段需要投入的精力不同。

对于中小型企业而言，企业价值观最大的价值就是为员工提供规则以外的工作与执行标准，让员工知道企业宣扬什么、赞赏什么、不鼓励什么……要达到这个目的，不仅需要企业制定出价值观并让员工背诵，更重要的是落实到考核层面。

在有必要的情况下，可以选择第三方去推进这项工作，以提升项目落地的效率与团队的心态平衡。

175．渠道团队服务、合作、岗位等问题诸多，如何整改？

导致机构存在这些问题的原因在于运营管理方面过于粗放，缺乏标准化的业务流程体系，导致如下后果：

①岗位职责没有明确划分

团队成员按照长期以来形成的惯性进行工作，既没有明确的岗位职责分工，也没有清晰的流程执行标准，很多事情看似做了，但是没有达成想要的结果。

执行力基本靠吼，老板强调的事情便会作为阶段性的重点来抓，老板一旦不重视，执行的质量立刻下降。

②团队之间互相推诿扯皮

关于一项工作具体应该由谁来做、做到什么程度、如何交接给下一环节，没有明确的标准界定，一旦出现问题每个人都觉得自己是无辜的，老板需要花费大量精力协调断案，但是同样的问题层出不穷。

③人才培训选拔缺乏工具

新员工招聘到岗后，没有标准化的文件作为培训带教工具，只能依靠老员工言传身教。但是老员工本身的工作习惯不尽相同，而且每个人的理解与吸收能力也存在差距，导致团队对同一事情的执行流程千差万别，难以形成统一的标准。

想要解决这些问题，最根本的办法在于花一年时间建立标准化的业务流程体系，让所有员工按照流程标准去工作，基于流程标准将工作做得更好更快，这样企业才能够实现高效的自动化运转。

176．内部提拔的总经理考核期内，如何带教与考核？

内部提拔的总经理一般忠诚度更高、更皮实、留存率更高、使用周期更长，虽然培养周期长，但是更建议内部提拔。

带教的关键点如下：

①制定这个岗位的目标画像与胜任力模型是什么？比如医美机构的总经理胜任力画像：经营能力、管理能力、工作规划能力、行业经验……

②知道你想要提拔的人已经具备了哪些能力，与胜任力画像相比还有哪些短板与不足；

③知道他所欠缺的这些能力，是不是老板本人所擅长的，如果不是，那么有谁能够带教？有哪些课程或者平台能够带教？有没有可能老板和高管一起成长？

考核的关键点如下：

①考核期内任命代理或者轮值，考核周期6～12个月，提前留好退路，避免培养夭折后，员工面子下不来而离职；

②考核期间的绩效要做增量绩效，在现有业绩目标基础上做出增量才给予绩效激励。

177. 双美机构老板亲自负责运营，但内耗严重，该怎么办？

有一种管理错位，叫作：老板干着副总的活，副总干着总监的活，总监干着经理的活，经理干着员工的活，最后员工无事可做，只能考虑公司的百年发展大计！

这是个段子，却真实反馈了很多机构的通病。很多老板并不清楚，自己最重要的使命并不是解决某一项具体问题，而是想清楚企业的未来发展战略。

商业成功＝正确的战略×组织能量，而正确的战略，就是老板最需要解决的问题，然而很多老板却忽略了这个重要使命，去醉心研究具体的战术打法，殊不知战术的问题错 1 000 次都有机会，战略的问题错一次可能就是灭顶之灾，当战略方向发生错误，团队越努力、执行力越强，则企业覆灭得越快。

老板亲自弯腰去做职业经理人的事情，虽然眼界可能更高，思考可能更全面，却未必能够做到非常专业，可能还会让自己负责的板块成为企业发展的短板。如果当下医美板块的运营没有其他合适的人选，老板需要做的是拿出时间精力，去招聘优秀的运营人才，将自己的精力解放出来。

至于生美与医美团队的内耗问题，老板需要做的不是左右平衡，而是企业的组织架构优化，将生美与医美的经营团队打通，只保留一个品牌中心，以一个品牌心智对外传播，这样才能够形成真正的品牌合力。

178．三线双美机构转型轻医美，医生团队、价值及仪器该如何选择？

如果机构未来定位转型轻医美，那么现有的擅长手术的医生就不能体现价值，建议医生配置如下：

①找到技术好、有经验、有较强出方案能力的皮肤科院长；

②找到技术好、审美在线、沟通能力强且上镜感强的微整院长。

光电仪器建议选择品牌好、口碑好、网红度高的经典款仪器，比如黑金DPL、超光子等。因为小城市舍得购买好设备的机构少，好仪器在小城市的寿命要远远长于大城市，品项的销售窗口期比较长。所以不用一次购买多台昂贵的好仪器，把一台仪器卖好再买第二台就可以了。

另外需要特别注意的是，选购好仪器还要招聘到能够驾驭好仪器的医生，才能够充分发挥仪器的效果。

179．发展阶段公司高管分封太多，如何解决？

很多机构在快速发展期为了快速招人、挖人，都会承诺更高的职位，短期内确实能够提高企业的人才密度，可是最终却会导致机构内副总、总监一大堆，甚至出现"将比兵多"的情况，给企业带来用人成本高、决策体系混乱、团队内耗严重等各种问题。

过度分封会带来内部管理体系的混乱，而简单粗暴地降低管理层的职位，又很大概率会导致团队的流失，针对这种情况建议如下：

①规范业务流程

臃肿的组织架构往往伴随着冗杂的业务流程。建议从顾客的体验入手，对机构的业务流程进行精细化梳理，找到当下流程的卡点并进行优化完善，制定出最高效的业务流程。

②优化组织架构

依据优化之后的新版业务流程，对组织机架构进行优化，明确每个管理岗位的人才配置与胜任力模型。

③管理层竞聘

借助年终述职或者季度述职等时机，发布新的组织架构、管理岗人员名额与竞聘条件，由现有管理岗人员报名竞聘、发布竞聘演说，根据投票结果上岗。

180．人事过于严谨，企业氛围没有人情味，怎样解决？

之所以出现这种问题的原因，一方面在于企业文化建设不到位，另一方面在于人力资源断层、缺少了一个关键岗位——HRBP。

HRBP全称为Human Resource Business Partner（人力资源业务合作伙伴），是企业人力资源派驻到各个业务或事业部的人力资源管理者，主要协助各业务部门团队长在员工发展、人才发掘、能力培养等方面的工作。

HRBP的主要工作内容是负责公司的人力资源管理政策体系、制度规范在各业务团队的推行落实，将人力资源和其自身的价值内嵌到各业务团队的价值模块中。

国内最早采用HRBP制度的企业是阿里巴巴，而阿里的HRBP制度则参考了军队中的政委制度，在电视剧《亮剑》中我们会发现在军队中指挥战斗的是团长李云龙，而负责思想政治工作、原则纪律执行的则是政委赵刚。

在阿里的政委体系中，每一个业务团队都采用双线管理：团队长负责带领团队完成业绩目标，而HRBP（政委）则负责建好队伍、带好团队，完成企业文化的传承、员工心理状态的管理与干部的培养等问题。

HRBP（政委）的存在，可以成为人力资源部门与业务部门的纽带，不仅能够协助业务经理管理好团队，还能够完成员工关系维护、员工规范管理、业务流程优化等等，通过个性化的人力资源解决方案，塑造企业的人文关怀，让员工感觉受到企业的温度，形成强大的归属感与凝聚力。

181．社区轻医美连锁如何搭建中台运营团队？

①每家店要有一个店经理

店经理的胜任力模型中最重要的是运营能力，管理能力只占比较小的比例，因为店内人员比较少，而且机构一旦制定了完善的标准化业务流程体系，对于现场管理的要求会相对较低。

②集团设置线上营销中心

新媒体矩阵、抖音、小红书的运营集中在集团总部，由营销中心负责人进行管理，美团线上运营每家门店一个账户，设置一个运营经理，归集团统一管理。

182．机构有2个咨询师，市场团队都喜欢输送顾客给配合度高的那个，有何建议？

建议机构一定要有两个或者两个以上的咨询师，这样才能够形成良性的竞争状态与正常的经营节奏。在两个咨询师专业能力相差不大的情况下，建议两个都保留，如果第二个咨询师确实能力水平有较大差距，且短期内没有大幅度提升的可能，考虑优化淘汰的话，也建议提前招到第三个咨询师作为储备之后再进行人员优化。

现在虽然两个咨询师一个受欢迎一个不受欢迎，但是只要两个都在，受欢迎的那个就必须保持努力，一旦只剩下一个，那么受欢迎的那个一家独大，可能就会放松对自己的要求，降低工作标准。

基于咨询师当下的问题，建议如下：

① 咨询师符号标签

咨询师有不同的符号标签，如偶像支配型、闺蜜亲和型、逻辑专家型等，分别匹配不同的顾客类型，如偶像支配型咨询师更适合接待气场能量较强的顾客或网红、演艺圈人员；闺蜜亲和型咨询师更适合接待全职太太等性格柔和、表达欲望较强的顾客；逻辑专家型更适合接待商人、企业高管等注重沟通效率的顾客……因此不应单纯以市场人员的喜好来安排咨询师的接诊分配，而应考虑不同类型的顾客更适合匹配的咨询师类型，高冷理性型的咨询师遇到自己匹配的顾客同样能产出业绩大单。

② 客观评估咨询师能力

市场人员很容易根据自己的主观印象评估咨询师的能力，很多领导也喜欢单纯依据业绩来判断咨询师的能力水平。事实上很多咨询之所以业绩额高可能是因为占据了更多的资源，即更多的接诊量与更优质的顾客资源堆出来可观的业绩。为了客观评估咨询师的能力，建议拉出两位咨询师的具体业绩数据，包括接诊量、初复诊新客成交率、当年老客复购率、历年老客复购率、新客/老客客单价、客户投诉率/退赔率等，通过数据科学判断咨询师的能力水平与长短板。

③咨询师轮诊制度

为了咨询师接诊的分配合理性，可以采用相对公平的轮诊制度，两位咨询师轮流接诊。如果第二位咨询师成交率较低也要先给予包容，帮其分析接诊录音分析原因，找到未成交的原因并给出建议，给出试错的机会，才能让咨询师得到成长。

④咨询师能力提升

从根本上解决问题的办法是，提升咨询师的能力水平，通过专业的学习培训与持续的落地跟进，让两位咨询师的专业知识、沟通逻辑、销售成交能力都得到显著提升，那么当下所有的问题都能够迎刃而解。

183．连锁机构有打造网红店计划，店长是否可以让集团网络经理兼职？

网红店的打造需要有网感、有创意思维的年轻群体参与，但是真正去打造一家轻医美网红店，需要的是全方位的战略定位与运营思维。

分享一下网红店打造的"5S要素"：

Scene场景——拥有出片率高的高颜值场景，让顾客愿意发朋友圈、发抖音，愿意传播；

Surprise惊喜——给予顾客超出预期的创意惊喜，让顾客有动力、更愿意传播以及到店；

Specialty专业——即使网红店也不能够脱离医美的本质，因此必须有专业的技术与效果；

Service服务——有尊贵感的服务，让顾客能够有持续消费的意愿；

Star明星——有明星同款的品项，这是重要的加分项。

从以上要素可以看出，网红店的经营管理并不是单纯有创意就可以，而是需要更细致全面的运营体系，对经营院长的胜任力要求包括：①有品牌思维与战略规划能力；②有运营思维及落地能力；③有创意思维及策划执行能力……一般的网络经理很难达到这样的能力水平。

而且一个管理者在一个阶段最好只有一个使命，否则很容易精力分散、顾此失彼。除非目前网络中心的工作已经做到了90分，并且手下有左膀右臂能够分担他大量的日常工作。

184．渠道医美市场业绩不理想，是否还需要保留？

在渠道医美机构中，市场开发部与会员中心这两个部门都是非常有必要存在的。

市场开发部门主要负责帮助机构开拓新门店，这是机构业绩持续增长的重要保障，只有两种类型的渠道机构不需要设置专门的市场开发部门，一类是代理商制的机构，通过代理商来开发合作店家，另一类是店家资源高度稳定的渠道机构，只需要通过店家转介绍来完成每年一定比例的店家更新。

会员中心的价值在于为顾客提供分级服务、增加顾客黏性、提升顾客复购率、开发顾客的终身价值。很多机构经营一段时间之后，发现返院频次低、顾客复购率低、存在大量的沉睡顾客等问题，就是因为会员中心的价值没有充分发挥出来。

这两个部门的工作之所以没有充分发挥出价值，原因在于对关键工作内容量化指标与过程管理的考核不到位，比如市场开发团队的工作调整建议如下：

① 量化工作指标

例如市场开发中心的考核指标设置为每人每月3家店，或者累计每季度9家店，如果完不成则自动淘汰。

② 抓好过程管控

部门负责人需要通过日报、周报、月报对所有市场开发人员的拜访量、邀约上门率、合作签约率等进行日常管控。

③ 匹配营销工具

巧妇难为无米之炊，运营部门需要为市场人员提供充足的拓店开发道具，如视频、画册、小程序等。

185．业绩高但为人傲慢的设计总监要不要继续留用？

这种高管是典型的高绩效低价值观型人才，这种高管一旦入职，对机构现有团队来说可能会带来比较大的影响：傲慢其实是不融入团队的一种表现，一般情况下能力越强的人越谦逊，一个能够让"傲慢"成为自己符号标签的人，或许有一些个人能力，但是一般难以与团队形成良好的协作。

因此不建议直接作为全职高管留用，如果个人成交能力真的较强，可以考虑以兼职的形式聘用，在坐诊会或沙龙会期间按天合作，给予业绩保底费用＋业绩提点。合作一段时间之后如果业绩产出比较理想，可以征求团队意见，如果现有的咨询团队比较服他，则可以录用为专职高管，这样是比较成熟稳妥的做法。

186．会员中心应服务高价值顾客还是小散客？

理论上来讲一个机构要有三个团队来管理顾客：①咨询师团队：主要服务新客与当下较为活跃的顾客；②会员中心团队：主要服务高价值顾客，比如年消费2万元以上的顾客；③老客激活团队：主要服务历史休眠老客与沉睡顾客。

会员中心的主要工作内容包括以下几个方面：

①会员权益交付

依据机构会员体系，为不同级别的顾客提供会员分级服务，提升顾客体验与满意度。

②会员活动策划

策划并组织执行与销售没有直接关联的会员活动，比如奢侈品品牌联动活动、美妆沙龙等。

③VIP大客服务

年消费5万以上的VIP顾客是机构重要的价值顾客，要让他们能够感知到自己与普通顾客的待遇差异，感受到头等舱式的服务，才会对机构产生依赖，每年都能够持续愿意回来消费。

187．咨询师与助理配置比例多少合适？组合还是锁定？

咨询师与咨询助理的人员配比是按照咨询师的月度业绩产出来设置的，这样才能够实现最佳人效比。

我们服务的某直客机构，设置的比例是这样：咨询师月业绩80万以下不配专职助理，咨询助理的工作由公共咨询助理来负责；月业绩80

万~150万配一个助理；月业绩150万~220万配两个助理，220万以上配三个助理封顶。机构可以按照咨询师的业绩产出情况综合评估，制定不同咨询师的助理人数配置。

关于咨询师与咨询助理之间的协作关系是固定匹配还是轮诊匹配，可以说各有特点：

轮诊匹配——咨询助理对于自己的业绩跟着谁、业绩多少、提成多少没有固定的意识，而且在日常工作中需要适应不同咨询师的销售风格，沟通成本较高，一旦出现客户投诉等问题，追责也会比较模糊。

固定匹配——咨询助理对咨询师的咨询风格有一定的了解，能够形成长期的合作默契，而且咨询助理对于这个固定咨询师的固定也比较熟悉，有助于建立良好的客情关系，让顾客比较有归属感，并且咨询助理会关注自己合作咨询师的业绩产出情况，能够激发咨询助理的工作能力与积极性，形成一个比较良性的竞争PK。

所以无论从人效还是从顾客的体验感角度来分析，都建议咨询师与咨询助理采用固定匹配的关系，这样还有一个好处，就是一旦咨询师离职，咨询助理对于其所有客户都比较熟悉，客户关系的维护不会出现断档，有助于客户的稳定。

188．机构当下团队完善，但缺乏第二梯队，如何解决？

优秀的组织团队构成不仅仅是基于当下业务的岗位健全，而是能够支撑企业未来的战略发展，这就需要团队中要有坚实的腰部力量，也就是第二梯队。很多企业看起来当下运转良好，但是一个萝卜一个坑，一个部门一旦走掉了一个核心岗位高管，部门就瘫痪了，或者需要老板自己去挺身救火。

第二梯队建设一般有几种思路：

① **部门拆分**

一个部门如果只有一个团队长，很难形成良好的竞争氛围，对于市场美导、咨询师等人数较多的部门，可以水平拆分出一部与二部甚至三部，各负责人带领团队做业绩。一方面可以在团队内部开展业绩PK，另一方面也有助于为团队内部优秀的人才提供成长与发展机会，一旦团队长中有一个离职，可以由其他团队长暂时兼管，直至提拔或招聘到新的负责人。

② **人才盘点**

依据人才的绩效水平、价值观、管理能力对核心岗位人员进行深度盘点，通过人才盘点梳理出机构的核心人才与储备人才，找到具备较强培养潜力的第二梯队人员。

③ **针对培养**

通过人才盘点提拔出的优秀高管，需要为每个人制定针对性的人才成长目标与培养策略，通过集中培养、师徒带教、专业学习等多个方面的努力来提升他们的岗位胜任力，并由专人以月度与季度为单位，考核他们的成长进度，保障培养计划正常推进。

④ **机制倒逼**

给当下的每个团队制定明确的二梯队人才培养计划，让他们自己参与腰部力量的选定与带教工作，将人才培养的成果作为他们岗位晋升的重要依据，比如市场主管需要培养出新的市场主管，才能够晋升市场经理；市场经理必须培养出新的市场经理才能够晋升市场总监，当每个岗位都培养出自己的接班人之后，机构的人才密度就会有显著的提升。

189．想要花精力培养能力不足的高管，又担心其能力提升之后离职怎么办？

比高管能力提升之后离职更可怕的是，他能力不行而且还不走。

这样带来的后果是他在机构中占据比较高的职位，却不能发挥出应有的作用，带领团队执行企业的战略，不仅浪费了机构的薪资成本，还会浪费企业发展的机会窗口。这种看似稳定的团队状况，其实是一种非常可怕的组织板结。

想要解决高管能力提升之后离职的问题，有如下建议：

① 签订学习协议

机构派高管出来学习之前，可以签订学习协议，写明学习费用以及学习之后需要在职的时间，比如学费5万元，学习之后需要在职满2年，则学习费用由机构全额承担，如果学习结束1年之后离职，则需要自己承担2.5万元。

② 制定成长对赌规划

依据学习内容，对高管学习之后的能力水平提出明确的要求，比如设计总监自己支付费用学习美学设计类项目之后，可以对其成交率与客单价提出增量需求，也可以要求将所学内容进行转化，培训机构内部高管，达到能力水平的同步提升，达到要求则学习费用由公司报销，达不到则自己承担。

③ 搭建自我实现平台

企业高管是一群有延迟满足感的人，想要让他们持续忠诚，靠的不仅是当下的薪资待遇，更重要的是在企业中能够得到成长，找到自我实现的价值。因此老板需要不断提升自我认知，建立科学的使命愿景价值观，感召高管为共同的目标凝聚在一起奋进。

另外，企业还需要建立科学的薪酬体系与晋升规划，当高管通过学习提升了自己的能力水平之后，能够充分发挥自己的价值，得到收入方面的提升，并且能够看到清晰的职业上升路径，这样才能够建立真正的忠诚度，留住优秀的核心人才。

190．高管能力一般、流失率高，如何解决？

老板要深刻反思一下，这个问题的核心未必是员工的能力出现了问题，而是自己的用人规则出现了问题。企业用人规则的终极法宝就两句话：

①管理层必须要找爱我的人

任何一个企业都是有缺点的，企业制度有缺点、企业文化有缺点、老板性格有缺点、老板技能有缺点、员工能力有缺点……不爱你的人只会挑剔你的缺点，而爱你的人却会帮你补短板。

每个管理层都希望自己手下的员工能力优秀、自驱力强，但现状是很多企业没有办法招聘到很多优秀的员工。优秀的管理者，不会一味抱怨员工的能力问题，而是会一方面搭建培训与考核体系，提升员工的工作能力；另一方面优化业务流程、打造标准化体系，降低对员工个人能力的依赖。

所谓"爱我的人"，是指能够认同企业价值观，将企业的使命愿景当作自己的使命，愿意和老板并肩作战的管理者，他们清晰地知道企业的现状，能够包容企业与高管当下存在的问题，并且能够下沉弯腰去解决这些问题，愿意付出心血为企业的未来去选拔培养储备人才。

②执行层必须要找我爱的人

每个老板都想要招到100%优秀的员工，但是这样的人几乎是不存在的，即使存在也很难招得到。基层员工之所以在基层而没有成为管理者，是因为他们还存在各种各样的不足，或者能力方面有短板，或者经验方面不充分。

企业要用他们的长板，就必须对他们的短板给予足够的包容，而且能够为他们做出成长规划与晋升路径，能够让他们在现有的岗位上不仅能够开心工作、发挥自己的价值、挣到钱，而且能够有成长的机会。

所谓"我爱的人"，就是指对他有好感，既能够欣赏他的长处、包容他的不足，也能够"为之计深远"，如果一味挑剔、求全责备，员工很难在企业中生存下去。

那么怎样才能招到"爱我的人"和"我爱的人"呢？这里给一个招聘秘籍：

管理层要降薪招——不要给过高的保底，而是要降低底薪，通过绩效、奖金、分红、期权、股权等方式制定多元化的收入体系，一方面在招聘环节就检验其对企业的认可程度，另一方面将其收入与企业的未来发展深度绑定。

执行层要加薪招——同样的岗位你给的工资比竞争对手高出20%-50%，就能够招到更优秀的人才，看似用人成本增加了，实际上缩短了培训周期、提升了工作效率、降低了离职率，创造了更高的人效。

191. 跟随多年的干将计划带配偶来上班是否合适？如何安排岗位？

80%以上的公司都不支持高管内部谈恋爱，更加不赞同高管内部结婚，原因在于：

①**不利于保守秘密**：一个人有多重社会角色，夫妻在同一家企业工作的时候，就很容易将工作中的角色带入生活，或者将生活中的角色带入工作，当夫妻分属于不同部门的时候，很容易在日常交流中暴露各自团队的信息，不利于机构的信息保密。

②**不利于团队协作**：夫妻作为利益共同体，当一方掌握团队资源分配权的时候，很可能为了保障家庭利益而不能够做到公平分配，而是将优质资源输送给配偶，影响团队其他成员的利益与团队的团结。

③**不利于团队稳定**：情侣或者夫妻入职一家公司，一旦离职可能也会同时离开，如果二人掌握的公司资源足够多，还可能给企业的经营带来一定的风险。当双方感情或者婚姻遇到危机的时候，也可能对企业的形象与团队的稳定带来一定的负面影响。

因此不建议高管将配偶带到机构来上班，如果因为各种原因必须要接纳的时候，也要遵循几个原则：二人不能在同一个部门，或者向同一个领导汇报工作；二人不能够是上下级关系；二人的岗位之间不能有利益输送关系。

192．高管离职，现有候选人如何提拔合适？

从现有的市场经理中提拔一个市场总监，之前平级的同事成为自己的领导，确实可能会出现互相不服气，不服从管理，甚至相互拆台的问题隐患，尤其是当这几个人工龄相差不大，业务能力与业绩水平没有明显差距的情况下会表现得更为明显。

科学的人才选拔可以从以下几个方面入手：

① 能力模型分析

根据四象限法则对每一个候选人进行能力模型分析，然后根据该岗位的类型选择适宜的人才，最理想的候选人是领导力与管理能力都比较强的"规范的管理者"，如果是对创意能力要求比较高的部门，可以选择创新能力强，但领导力方面相对弱一些的"创意型的管理者"。

管理能力强、领导能力弱——二把手政委

领导力强、管理力强——规范的管理者

管理力弱、领导力弱——专家

创新力强、领导力弱——创意型的管理者

② 竞聘上岗

制定该岗位的胜任力模型与任职要求，在团队内部发布岗位竞聘信息，所有符合要求的人员根据自己意愿报名参加竞聘述职，展示自己以往的工作成果、对该岗位的理解、自己的胜任优势，以及计划在新岗位上的工作思路等，根据述职评分结果确定最终任职人员。

③ 代理任命/轮值任命

为了让落选的候选人和团队更容易接受竞聘结果，同时给机构留下转圜余地，不建议将选拔出来的人直接任命到该岗位。

如果候选人比较确定，建议采用"代理任命"，即任命某某为代理市场总监，代理期半年，代理期结束内表现合格即发正式任命，不合格则重新选拔。

如果候选人有一定不确定性，建议采用"轮值任命"，即以市场经理的身份担任"轮值总监"，轮值期半年，如果轮值期内合格则正式任命，轮值期不合格则换另一位市场经理继续轮值。

代理任命与轮值任命的优势在于让企业有更多选择的机会，一旦发现能力不合格，可以换人而不至于被认为朝令夕改，被换下来的人也可以在企业中继续工作。

④胜任力测试

在候选人代理或者轮值期间，需要对其胜任力进行全面测试，测试主要分为三个方面：

胜任力测试——考核认知期间的业绩完成情况、创新能力、代表作品/关键成果；

企图心测试——观察有没有更强的进取心与持续培养价值；

轮岗测试——如果这个候选人公司计划继续培养重用，可以在该岗位胜任后安排到其他岗位，尤其是艰苦的岗位进行轮岗测试，考察其进一步晋升的可能性。

193．高管离职创业后想再回归企业，如何沟通？

很多大型企业都有"倦鸟归巢"计划，由人力资源部门对于工龄较长的优秀高管离职之后的动态进行持续关注，如果发展不好又有适合的岗位，就会邀请其重新回到机构任用。这样的高管回归之后有几大好处：

A.业务流程熟悉：能够大大缩短培训成本与磨合周期；

B.价值观趋同：经过岗内验证，符合企业的价值观标准，无须长期熏陶考核；

C.珍惜工作岗位：经历过离职后不顺利的职业经历，更能够珍惜当下的岗位，包容企业存在的不足。

关于离职高管的"倦鸟归巢"有几点建议：

① 客观评估高管价值

多方面了解高管离职后的动态，客观评估其当下的能力水平以及与企业的匹配程度，不因情感因素影响自己的判断，确认该高管没有做过伤害企业的事情，并且能力水平与企业现状匹配后再考虑召回。

② 老板亲自喝茶沟通

如果确实是想要的优秀高管，就不要安排人力资源进行接洽，一方面意向性太过明显，另一方面也不够重视，一旦被拒绝就没有转圜的余地，而是老板带着诚意亲自约其见面，了解其现状与下一步的发展规划，根据沟通情况适时提出回归邀请，如果一次时机不成熟，可以约谈2-3次。

③ 帮助解决当下难题

创业高管如果当下经营不善准备结束，可能还有很多收尾工作需要处理，老板可以借助自己的资源人脉，帮助其做好资产的转让等问题，加快处理创业善后的处理进度。

④ 加薪聘用回归

对于感召回归的高管，要在其原有薪资基础上增加一点，表示老板欢迎的态度，让其以感恩的心态投入新的工作，至少要保持持平，不要以任何形式减薪，否则会让其感觉老板在趁火打劫，即使回来也可能会带着怨气，心不甘情不愿地工作，也很难取得好的结果。

194. 团队断层严重，应该招聘中层还是培养人选？

中层管理人员是企业的中坚力量，既是团队的领导者，也是具体工作的执行者，起着承上启下的关键作用，因此中层的数量与质量往往决定着企业未来几年的发展前景。

但是很多企业都会存在团队断层的情况，内部一直没有培养出优秀的人才，外部招聘来的中层又很难在企业中存活。这是因为中层往往不是外部招聘来的，而是从团队中培养出来的。

企业今天的团队状况，是因为在过去几年中都没有重视过团队的晋升培养，那么应该如何培养呢？

① **人才盘点**

每半年或者一年进行一次彻底的人才盘点，从绩效、价值观、管理能力三大维度去盘点每一个员工的能力模型，从中选拔出一批绩效优秀且具有较大培养潜力的员工作为重点培养对象。

② **梯队计划**

以现有的优秀管理层胜任力模型作为目标画像，制定1：1的人才储备计划，以集中培训、师徒带教、实战演练等方式对重点培养对象进行有组织有计划有体系的培养，由人力资源部门牵头、各部门负责人参与该项计划，并进行每个月度、季度的阶段性复盘完善。

③ **晋升机制**

通过岗级、职级、层级的规划制定清晰的职业晋升路径，让每一名员工都明确知道自己当下的能力水平与所处位置，并且知道自己能够通过怎样的努力到达更高的职位，实现更高的收入，激发员工的能力提升。

④ **选拔任用**

通过人才选拔、竞聘上岗、代理任命/轮值任命、轮岗考验等方式，不断选拔成长明显、绩效优秀的基层员工到中层管理者的岗位上，在实战中提升自己，为机构的发展储备足够的腰部力量。

195．多年老员工能力强但不会管理，应该如何任用？

很多老板都会比较念旧情，跟随自己多年的元老级员工，无论如何都会给安排一个管理岗位，一方面感觉业务流程熟练，更容易干出成果，另一方面是为了让新员工看到榜样，对企业忠诚的人总会有回报。尤其是一些业务能力比较强的人，如果长期得不到晋升，可能就会产生职业倦怠，甚至离职让企业的业绩受到损失。

但事实上，如果将一个不适合的人放到领导岗位上，损失的可能不仅是业绩，也很容易导致员工离职，甚至让整个团队陷入动荡。

专业能力强、领导力弱的员工，我们一般称为"特种兵"，特种兵在作战的时候可能会是兵王，但是带团队的时候却未必优秀。对于这种员工我们就不适合在管理岗方面给予任命，而应该走专业岗方向的晋升。

比如销售岗，我们可以分为初级销售、中级销售、高级销售与销售专家，单纯以业绩而不以管理能力作为评估标准，在公司的职级体系中，销售专家可以与销售总监享受同等待遇，但是不拿团队业务提点。

在这方面我们可以参考巨邦的职级体系，市场老师在做到A美之后，如果不能够带领团队晋升总监，就可以走另外一专业晋升路径：特A、超A、超A＋，连续两个季度的销售冠军就是特A，可以穿总监级的工装，拿总监级的待遇；连续三个季度的销售冠军就是超A，可以穿总经理级的工装，拿总经理级的待遇；连续四个季度的销售冠军就是超A＋，可以穿总裁级的工装，拿总裁级的待遇。

公司重大场合，特A和总监坐一起，超A和总经理坐一起，超A＋和总裁坐一起，拿的年薪、年终奖、福利、工装都是一样的。这样既让优秀的元老级员工始终保持昂扬斗志、得到应有的荣誉，也让其他员工看到晋升的希望与努力的榜样。

196．怎么样才能更好地留住高管？

这是一个让很多老板困惑的问题，其实也是一个并不难解决的问题，只是很多老板并没有想清楚几个问题：

① 企业持续良性增长

留住一个企业员工最好的方法，就是企业的成长速度要大于团队的成长速度，这样才能让员工在团队中看到前景与希望，愿意陪伴企业一起成长，并且知道自己能够通过这种共同成长得到在别处得不到的收益。当员工感觉企业的发展停滞甚至是倒退，失去希望的时候自然会离开。

② 舍得投资员工的成长

优秀的高管是拿钱砸出来的，留住一个企业的核心高管，最好的方法就是在他身上多投钱，让他能够出去学习，看到更广阔的视野，不断提升自己的能力，为企业创造更高的价值，这种获得感会一直激励他在企业中奋进。当员工感觉自己在一个团队中始终得不到成长机会，对未来感觉到迷茫的时候很可能会选择离开。

③ 敢于为员工制造梦想

马云是个非常善于"画饼"的人，阿里巴巴创业初期，公司拿不出钱来发年终奖的时候，他为每个核心员工手绘了一张"年终奖蓝图"，挨个与他们交流，告诉他们等到企业发展起来之后，他们就可以拥有海边的大别墅、梦想中的豪车等，正是这种成功的信念激励着这群人一路走向成功。当老板对未来没有清晰的规划、没有成功的信念，甚至还带着负能量的时候，有理想的员工会选择离开。

197. 多年管理层价值观很好，但业绩不足，如何任用更适合？

在团队中往往有这样一群人，他们表现勤奋、乐于助人、人缘好、爱加班，就是没有结果，这就是"小白兔"，小白兔随着工龄的增长，又遇到比较讲情面的老板，本着"没有功劳也有苦劳"的理念就很容易晋升到领导岗位，变成"大白兔"。

马云曾在一次演讲中说过："老白兔比坏人对团队的危害更大"，因为一个公司核心关键岗位如果被老白兔占据，那么企业的发展就危在旦夕了，而且一个企业中一旦老白兔的比例多起来，他们还会抱团取暖、排除异己，让企业内部氛围变得不适合努力工作的人生存，促使越来越多的优秀员工离职。

老白兔的生存之道是不断"驯化"自己的老板，他们知道老板爱听什么、不爱听什么，老板最痛恨什么、最忌讳什么。也知道当自己业绩表现不好的时候，应该如何去获取老板的谅解，这就与一个考试考砸了的小朋友放学回家之后努力表现得乖一点，自己洗衣服、主动做家务，让家长降低怒火忽略关键考核指标（考试成绩）是一个道理。

做老板要警惕被员工驯化，所谓价值观只是评估员工的一个参数，价值观合格只是员工的及格线，绩效指标才是选拔任用人才的关键考核标准。

另外，为了避免团队中出现各种小白兔、老白兔，建议每年至少进行一次人才盘点，客观评估员工的绩效水平与培养潜力，对于绩效偏低的员工给予绩效辅导与绩效面谈，不给白兔们留下在企业中混日子的空间。

198．重金招聘高管留存率太低，如何解决？

一个新高管想要融入团队，在短期内存活下来，需要面临比新员工更大的困境：

一方面因为他的出现可能会阻断一群人的晋升希望，入职之后往往最先面对的不是善意的欢迎，而是跃跃欲试的比拼，或者默不作声的"非暴力不合作"。

另一方面因为很多老板对于高管融入这件事情存在一定的误区，认为既然已经是高管了，就应该能够自主完成融入、自己解决所有问题，不需要像员工一样基于入职培训与导师带教。

事实上，高管更需要入职带教，因为一名高管的流失让企业损失的不仅是高昂的猎头招聘成本，还有可能给企业带来业绩的损失，更严重的是可能会让企业错过战略发展的最佳窗口期。

所以企业要从以下几个方面入手，去提升高管的留存率、降低流失成本：

①前期充分暴露问题

让新入职高管充分接触一线，全面了解企业的经营现状，以及需要解决的问题。不要为了短期内的留存，而试图掩盖企业存在的各种问题，让高管在更长的时间周期之后决定离职，会让企业蒙受更大的损失。

②安排文化融入官

安排人力资源或者HRBP等适宜的岗位，帮助新入职高管尽快融入机构企业文化，与团队建立良好的沟通与融入。

③指定导师制带教

高管也是需要培训和学习的，尤其进入一个新的企业与职位之后，需要安排其直接领导或者老板本人作为新入职高管的带教导师。

④ 制定专属培训计划

根据其岗位职责与能力模型，制定阶段清晰目标明确的培训计划，尽快满足岗位的胜任力需求。

⑤ 调整任期期望值

在高管入职初期，不要给其制定过高的业绩期望值，要给予一定的适应周期与试错机会，随着时间的推进不断调整任期期望值，这样更有助于高管在机构中的适应。

199．机构开拓新业务板块，招聘新人还是老班底提拔？

无论新人还是老人，首先要考虑的是其能力模型是否符合该岗位的胜任力模型，这是至关重要的。

有些企业老板在开拓新业务的时候，会碍于情面从原有团队中调配一些工龄长、忠诚度高，但是在原有岗位业务能力一般、学习力与自驱力也不够强的人，提拔到新的领导岗位，看似给了晋升的机会，事实上却让企业蒙受了损失。

在新人与老人能力适配度相差不大的时候，建议采用一个原则"新人入职做老事，老人转岗做新事"。

为什么新人入职做老事？

因为老事往往已经形成了具体的执行标准，新人入职只需要了解企业的业务形态与流程就可以开展工作，并且在工作的过程中能够以新的思维逻辑对原有的执行标准进行优化创新，既能够降低试错成本，又不会失去创新的机会。

如果新人入职即安排做新事，很有可能在对公司业务流程与客户需求不够了解熟知的情况下盲目创新，最终与企业的初衷南辕北辙，造成不可挽回的损失。

为什么老人转岗做新事？

因为老人在原有的岗位上已经工作了若干年，熟悉每一个流程步骤，失去了创新的激情与能力，而且往往已经培养出了左膀右臂，不再需要自己干活，只需要不断地"吃老本"就可以拿到比较高的薪酬待遇，越躺越平的代价就会导致企业的业绩难以持续增长。

这时候安排老人做新事，就需要其抛弃以往的经验，重新转换自己的思维频道，学习新的知识体系来提升自己的认知，带领新的团队去一线打拼，这样才能够避免组织板结，激发出企业组织新的活力。

第七部分 07

修身篇

SELF-CULTIVATION CHAPTER

干掉你的,从来不是你不知道的东西,而是你以为你知道的东西。

—— 勇者说

200．携手创业的夫妻面临离异，如何避免对企业的伤害？

这个问题首先考虑的是婚姻还有没有挽回的可能，因为我们努力工作、创业最初的目的其实是为了能够给自己和家人更好的生活，无论最终能够赚多少钱，财富永远没有家庭和孩子更重要。

如果婚姻无可挽回，退一步想还有没有共同经营一家企业的可能，因为企业是两人一手创建起来的，凝聚了共同的心血，而且在各自擅长的领域形成了互补，如果要将企业分开肯定会导致两败俱伤的结果，无论企业的经营资产还是品牌势能，都会受到一定的负面影响，甚至有可能就此一蹶不振。

如果事业上也无法继续合作，而且双方都还在医美这个行业继续经营，至少要保证互相之间不要形成竞争关系，彼此协商在经营模式、经营区域、市场定位等方面形成错位，这是底线原则。

201．海归美二代是否合适接班？

历经了二十年快速发展的医美行业，已进入"二代接班"期。大量的"美二代"或进入企业为父母分担工作，逐步成为企业的中流砥柱；或另起炉灶开创自己的一番事业，成为独树一帜的"创二代"；当然也有一部分人进入企业之后发现水土不服，最终黯然退出。

关于如何实现"美二代"平稳接班的问题，有如下几点建议：
①通过系统学习提升认知水平
海归美二代虽然接受过系统的高等教育，在认知与思维格局上可能比自己的父母辈站在了一个更高的水平，但是对国内医美行业的市场现

状、顾客需求、竞争格局等缺乏直观而清晰的认知，如果直接上手管理企业很有可能水土不服。

因此，建议通过专业而系统地学习与基层的轮岗建立比较全面的认知之后，再开始启动接班流程。也可以考虑先通过应聘面试进入大型医美企业做管培生，通过1-2年的轮岗之后对医美机构的经营建立更多维的认知。

② **从自己最感兴趣的板块切入**

兴趣是最好的老师，而真正能够激发一个人兴趣的是成就感。美二代虽然可能从小就对医美行业耳濡目染有更多了解，但是如果一开始就全盘接手业务肯定需要承担非常大的压力与风险。

因此，建议从自己最感兴趣、最擅长的业务板块切入，比如营销策划、直播带货、新媒体矩阵等，以年轻人的思维去推动企业的创新，取得一定的成就之后再逐步接触全盘业务。

③ **负责企业的第二增长曲线**

美二代进入老企业之后，最痛苦的可能是与老团队的思维碰撞，尤其是与自己父母辈的管理层共事，在彼此思维方式与价值观都天差地别的情况下，极容易导致企业的内耗。

因此，建议由美二代重新组建一支年轻的团队，打造皮管中心、新双美等新美业品牌，为企业探索新的增长曲线。通过新品牌的成功证明自己的能力之后，再逐步接手原有的企业，将大幅度降低接班的阻力。

另外，在美二代接班的过程中可以从"第三只眼"的视角去审视当前企业存在的问题，但是不建议直接去插手解决问题、改变现状。因为每一家企业都会存在问题，很多企业的问题是长久以来多方面的因素导致的，要学会带着问题前行。

202．创业者应该怎样平衡工作和家庭？

医美行业是离异高危群体，几乎每隔一段时间就会听到一些行业内的人离婚的消息。古人说"修身、齐家、治国、平天下"，这个顺序是非常好的，优秀的创业者一定要善于处理家庭关系，因为创业更像是长跑，需要持久的耐力，非常消耗能量，而温馨和睦的家庭是补充能量的，只有平衡好二者的关系，才能够让自己的人生更加成功。

那么怎样才能够平衡好家庭和事业之间的关系呢？

①清晰的角色分配

创业者首先要把自己的角色身份做一个精确定位与区分，比如孙老师的社会角色是一个企业的老板，职业身份是一名咨询培训师，家庭角色则是妻子的丈夫、父母的儿子、孩子的爸爸。在这五种角色之间需要做严格的区分，根据不同的场景来确定自己应当处于某一个角色，在某一角色的时候就必须呈现出该角色的样子，履行该角色的职责，在陪伴家庭的时候，就不能够再代入老板的角色。

②高效的工作方式

很多老板的自我定位是"拼命三郎"，总想把所有的事情一股脑全部做好，但那是不可能的，因为总会有新的事情源源不断地涌过来，所以要学会做好工作的计划与优先级，合理规划各项工作的完成时间，养成更高效的工作习惯。

③规律的时间安排

建立比较规律的时间分配方式，安排好固定陪伴家人的时间，把陪伴家庭当作重要的工作内容之一来安排，比如孙老师每周末至少有一天不安排工作，陪孩子去骑马，固定的陪伴会让家人与孩子产生足够的安全感。

④生活的仪式感

幸福的家庭都是注重仪式感的，比如在法定与各种半官方的传统节日为家人准备礼物，在家人的生日与纪念日准备庆祝的仪式等，还可以安排固定的家庭日与只属于自己家的庆祝仪式，生活中的仪式感有助于提升自己与家人的幸福感。

⑤合理的放权机制

无论多么优秀的创业者个人精力都是有限的，想要有足够的时间去平衡家庭与生活，最核心的是学会合理放权，不要让自己陷入具体的事务性工作中。一个企业想要做大做强，老板就只能花精力去解决企业战略层面与组织层面的问题，定出清晰的战略，招到优秀的人才，让他们去高效工作，企业才有发展的空间，老板才有足够的时间去陪伴家庭。

一个人创业不仅仅是为了创造财富，也不仅仅是为社会做出有效的价值，同时也是为家庭创造满足感与成就感。希望各位医美创业者与从业人员都能够珍惜家庭的幸福，平衡家庭与事业的关系！

203．生美转型轻医美，如何颠覆原有的生美思维？

老板的认知就是企业发展的天花板，企业转型的生存之道就是企业老板要极速改变认知，超越固有的经验与思维模式才有可能在新的赛道取得胜利。

很多老板的认知难以改变，因为他们还处于认知的第一层"不知道自己不知道"，没有意识到自己需要改变自我、提升认知；

当老板提出了"如何才能颠覆自己原有的思维？"这种问题，意味着已经到了认知的第二层"知道自己不知道"，意识到自己原有的认知水平难以适应行业的变化。

关于老板如何提升认知，颠覆原有思维模式，建议如下：

① 改变自己的社交圈

走出原有的生美圈，将时间和精力投入到医美圈，与优秀的医美人交朋友，通过融入新的圈层来改变自己的信息获取与思维方式。

② 拥抱轻医美群体

招聘思维活跃、富有创意思维的年轻员工，了解轻医美客群的消费需求与消费习惯，让经营逐渐走出原有的生美模式。

③ 学习轻医美知识

提升认知最高效的方式是系统的高维课程学习，完成从"单店验证"到"连锁扩张"两个阶段各9个模块的课程学习，完成轻医美转型过程中需要解决的战略与组织问题。

204. 如何经营一家有温度有未来的美业机构？

很多顾客进入医美机构都会感觉冷冰冰的没有温度，所以始终没有办法放松下来，建立信任与依赖。

关于这个问题，我建议从五个层面着手，以"看人的眼光"来经营一家"够专业、有温度、有未来"的美业机构：

第一层：感知层

一个人，你看到他的第一眼，这个人的身材、相貌、口音、穿衣搭配，这个就是最外层的感知层。而机构也是一样，你的地理位置、装修风格、品牌名称和Slogan都决定了顾客对机构的第一眼印象。

第二层：角色层

比如一个银行职员、一个军人，你在跟他打交道的时候，就能很明显看到他身上的角色痕迹。而顾客在美业机构接受各种服务的时候，为她提供服务的那个人，也都必须符合角色所设定好的沟通方式和交付内容，咨询就要像个优秀的咨询、医生就要像个权威的医生。

第三层：资源层

前面的两层更多是外在的，而接下来资源层，它包括一个人的财富资源、人脉资源、精神资源，每个人是不一样的。往往机构之间的竞争力，就是在资源层体现出来，你的医疗水平、服务能力、营销转化、数字互联，这些资源都将成为企业经营的核心竞争力。

第四层：能力层

如果一个人思维敏捷、优雅风趣，他可能特别适合当一名演说家；如果一个人数理清晰、思维缜密，他可能适合当一名会计师。而美业机构的运营也是一样，不要轻易模仿其他机构，要根据自己的基因做自己擅长的事情。

第五层：内核层

每个人都要有自己的人生目标，有的人为了养家糊口，有的人想要改变世界。对应到美业机构，就是企业的使命愿景价值观。使命够不够信、愿景够不够燃、价值观够不够清晰，才是最终驱使美业机构能做多大、能走多远的核心驱动力。

205．经营医美机构为什么要敢于做难的事情？

很多医美机构老板经营企业的目标很简单，就是赚钱，这本身无可厚非。但是如果单纯关注赚快钱，凡事都追求短平快，而不考虑远期发展目标，结果往往是路越走越险，钱越赚越难。

做企业就像走路，小路荆棘丛生，但是走的人少，没有太过激烈的竞争；大路平坦通畅，但是走的人多，竞争也就比较白热化。

因为你觉得困难的事情，别人也觉得难；你觉得容易的事情，别人也觉得容易，既简单又能够快速赚钱，并且能够实现持续良性增长的事情，几乎是不存在的。

今天绝大多数医美人，在经营机构的时候，很多事情基本都是做到50-80分，因为要求越高则难度越大。但是当大家都集中在50~80分这个区间的时候，这里就成了竞争最激烈、最内卷的地带。一旦你提高标准进入80分、90分的时候，这个区域就已经没人跟你竞争了。

就医美机构流量获取这件事情来说，最简单的就是花钱买流量，这就像水龙头里的自来水一样，给钱就出水、不给钱就停水。最典型的例子是早期的百度关键词竞价，钱给够了就有排名，钱少了就不展示，渠道医美的代理商也是同样的道理，一旦代理商撤场，机构就从门庭若市变得冷冷清清。因为仅靠花钱买来的流量和客户，带不来经营的复利，是不可持续的。

所以我们医美人，要克制贪婪坚持做难而正确的事情，去思考如何将客户的来院频次从3次提升到6次。统计显示，客户每多来院3次，就能产生1次的消费；去思考如何将客户的购买成本，从5 000元降低到4 000元，因为你让客户的购买成本变低了，你就能获取更多客户；去思考如何将客户的等待时间，从20分钟降低到10分钟，因为不仅客户得到了满意，而且机构的单位使用率提升了，运营成本就变低了。

只有做这些难的事情，做这些需要时间沉淀的事情，医美机构才能真正具备竞争力。今天，我们每一个医美人要反复提醒自己，要做难的事情，因为做难事必有所得。

206. 夫妻可以一起做事业吗？

医美行业里很多机构是夫妻共同创业，总的来说有利有弊，有些机构夫妻同心做得风生水起，有些机构则矛盾丛生，甚至最终分道扬镳。

关于夫妻共同创业如果想要平衡事业与家庭的关系，避免滋生不可调和的矛盾，有几点建议：

① 双方互补

无论是性格、各自擅长的板块上，还是为人处世的风格方面，如果一方思路比较激进，另一方最好就要相对沉稳；如果一方急性子爱发火，另一方就需要相对柔和……这样才能够形成良好的互补，避免在经营的过程中走极端。

② 分工要明确

提前约定好二人的责权分工，每个人对自己分工内的事务要有决策权，不要互相干涉，不要随意插手对方所负责的工作。

③ 回家不谈工作

提前约法三章，无论企业有多大的问题，回到家不谈工作，如果问题当天解决不了，就在公司一起加班，将工作与生活的场域分开，才能够避免因为工作影响生活与感情。

④ 不培养嫡系

夫妻创业最忌讳各自培养嫡系，容易让员工站队，带来各种麻烦。

⑤ 慎用亲戚朋友

双方均不能有亲属在企业里面任职，如果必须有的话只能做非核心关键岗位，而且要求不能随便乱讲话。

207．机构老板也是首席专家，精力忙不过来，如何调整？

对于医美机构来说，老板最重要的职责是制定并修正企业的发展战略、招聘到优秀的人才、搭建完善的组织架构、整合企业发展过程中的各项资源。

管理学说"三流的老板管事、二流的老板管人、一流的老板搭平台"，当老板把自己的主要精力忙碌于具体的医术操作，则会忽略企业的经营发展、忽略团队的建设、忽略企业的未来。

对于老板的个人调整，有如下建议：

①逐渐淡出一线技术操作，把企业的发展战略梳理清楚，去思考如何让企业变得更值钱。

②每年拿出1/5的时间在市场，保持对市场的敏锐度；4/5的时间用于学习，提升自我认知，执行并修订企业的发展战略，复制医生、咨询与销售团队等关键岗位，实现团队的扩容。

③从现有团队中选出一个经纪人，去协调安排现有的工作与时间分配，保障老板的精力能够科学分配，保障各项重点工作的落地实施。

208．高管离职创业，如何处理好与前老板的关系？

这个问题如果是作为老板的视角去考虑，首先要有自己的格局，想明白"天下没有不散的筵席"，在创业的路上可能有人能够陪你走到最后，但也总有人中途离开。

如果想要高管持续忠诚不离职，就要保持自己的认知始终高于高管的认知，自己企业的发展速度始终快于高管的成长速度，但是即使能够做到这样，也难以保证所有高管不离职。

对于高管离职这件事情，不要上升到"忠诚"这个概念，也不要抱有怨念，只要是好聚好散，就要发自内心地感谢高管的一路陪伴，以及在任职期间对企业做出的贡献。尤其是优秀的高管，以后不是事业伙伴也可能会成为朋友或者合作伙伴。

作为高管的视角去考虑，离开原有的企业去创业，首先要有充分的思想准备：创业是一条艰辛的路，尤其在创业初期可能遇到很多未知的风险与挑战，这个时候多一个朋友好过多一个敌人，所以离职一定要走得坦荡体面。在这里给出几点建议：

①不要从老东家挖人挖资源

为了避嫌，不仅不要挖走这个企业在职的，甚至也不要用这个企业曾经离开过，或者在自己之后离职的人。

不要带走原有的合作商或者顾客资源，更不要因此让自己之前的老板与同事蒙受经济损失。

②不要与老东家产生竞争关系

自己创业可以考虑换个城市或者换个行业，如果都不行，就要在经营定位方面与老东家形成错位。无论是否签了竞业协议，自己在离职之初都掌握着老东家的经营数据等资源，与老东家产生直接竞争关系，一方面是有违职业道德，另一方面互相知此知彼，且在实力不对等的情况下未必能够有胜出的机会。

③保持感恩之心与正常联络

无论离职之初还是离职之后，都要与前老板保持坦诚的沟通，逢年过节的时候可以适当地拜访与赠送走心的礼物，保持良好的关系，一方面遇到困惑的时候可以得到一些指点，另一方面也是给自己留条退路。

第八部分 08

轻医美篇

LIGHT MEDICAL BEAUTY CHAPTER

从大数据中洞察慢变量,从慢变量中寻找小趋势,从小趋势中看见新未来。

—— 勇者说

209．轻医美毛利水平低，没有盈利模式，如何解决？

任何一个行业的市场发展会经历四个阶段，即初创期、成长期、成熟期与衰退期。

① 初创期

这一阶段的市场增长率较高，需求增长较快，技术变动较大，行业中的企业主要致力于开辟新用户、占领市场，但此时技术上有很大的不确定性，在产品、市场、服务等策略上有很大的余地，对行业特点、行业竞争状况、用户特点等方面的信息掌握不多，企业进入壁垒较低。

② 成长期

这一时期的市场增长率很高，需求高速增长，技术渐趋定型，行业特点、行业竞争状况及用户特点已比较明朗，企业进入壁垒提高，产品品种及竞争者数量增多。

③ 成熟期

这一时期的市场增长率不高，需求增长率不高，技术上已经成熟，行业特点、行业竞争状况及用户特点非常清楚和稳定，买方市场形成，行业盈利能力下降，新产品和产品的新用途开发更为困难，行业进入壁垒很高。

④ 衰退期

这一时期的市场增长率下降，需求下降，产品品种及竞争者数目减少。

一个行业只有在尚未成熟的初创期与成长期，才会存在高毛利的可能性，一旦行业成熟，利润空间就会被压缩。

我国的医美行业目前处在从成长期到成熟期转型的阶段，按照行业的发展规律推测，2047年才会达到医美行业周期的末端。

所以，现在轻医美行业的毛利率其实并不低。

很多轻医美机构之所以感慨利润空间太薄，是因为他们不仅在拿传统医美的客单价与利润空间来衡量当下的医美市场，而且在用传统医美的经营模式在经营轻医美。归根到底，其实是自己企业的运营效率太低。

想要拿到合理的利润空间，就必须认真思考如何去提升企业的运营效率，提升企业的人效与坪效。

目前，我国的医美行业正面临国产替代化与品项智能化两个风口，企业想要加速运转，就必须抓住这两个风口：通过国产智能化降低机构的经营成本，能够实现在100万以内新开一家轻医美机构；能够通过品项智能化提升项目的交付效率，不依赖医生来实现品项的交付。这样才能够在同等经营面积与人员配置的前提下，创造更高的效益。

关于轻医美机构的盈利模式提升，这里给出两点建议：

①科学定价，提升渗透率

2022年，中国医美项目渗透率为4.5%，较日本11.3%、美国17.2%和韩国22%仍有较大提升空间，这个渗透率的提升空间其实就是医美市场的增长空间，但是渗透率的提升很大程度上来自于下沉市场的增长空间。①

对于绝大多数医美机构来说，高客单价、高利润率的时代已经一去不复返了，想要提升经营效率就必须依据市场的变化来科学定价，通过获取更多下沉市场的顾客消费来实现规模化经营。

正如海底捞的经营战略一样"顶天立地不如铺天盖地"，将获取更多消费者、提升市场渗透率作为经营的终极目标。

②死磕品牌，提升溢价空间

轰轰烈烈的玻尿酸价格战，宣告医美行业产品溢价时代进入尾声。

---

① 数据来源：智研咨询发布的《2023—2029年中国医美行业发展动态及投资规划分析报告》

轻医美机构想要保障盈利空间，就必须为顾客提供产品本身以外的溢价空间，死磕品牌价值、打造会员服务、提升审美设计、打造超级单品。

210．下沉式轻医美行业，未来生存与发展空间如何？

当前的轻医美市场其实是不成熟的，按照每平方米1万的前期投入，一家标准的轻医美机构运营起来至少需要投入500万。按照"轻投入、轻运营、轻决策"的行业定位，根本无法经营起一家真正的轻医美机构。

所以，当下轻医美市场看似风生水起，实则风大坑多，绝大多数品牌其实都是打着轻医美旗号的"伪轻医美"，其运营成本比传统老美业要高出很多，短期内很难实现合理的利润空间。

在轻医美机构真正具备规模化价值、能够实现真正的"轻投入、轻运营、轻决策"之前，不建议盲目进入轻医美市场、新开轻医美连锁。如果一定要做则建议先做一个品类的连锁，比如水光针连锁。因为水光针是一个能够率先实现标准化与智能化，能够依据标准化的产品配比，由人看着机器来进来操作的品项。

211．轻医美机构多大规模的时候适合搭建中台？

机构是否要搭建中台信息系统，和开多少家店没有关系，而是和企业的发展战略息息相关：如果企业的经营战略是连锁化经营，那么从第二家店开始就要筹备搭建中台系统；如果企业没有连锁战略规划，那么开多少家店都不需要搭建中台。

其实,很多老板都不理解中台对一家企业的重要价值。在互联网时代,用户就是商业战场的争夺对象,而现代商战比拼的就是对用户需求的响应速度,为了更快地响应、对接用户的需求,就需要通过一个中台来实现高效的数据传输,成为前台与后台之间的"变速箱",一切以客户为中心,提升企业的业务响应力与规模化创新能力。

搭建数字化中台系统对于医美企业来说是一件耗资巨大而无法看到短期收益的事情,汇成医美自己的数字化中台系统就是历时八年花费千万搭建起来的,到目前为止依然难以明确计算出这套系统给业绩增长和利润产出带来的价值,但我们坚持做这件事情,看重的是中台系统在企业数字化资产沉淀方面的巨大价值。

212. 渠道机构有没有可能每个区域联合20～30家门店一起开一家诊所?

这是一个非常危险的商业模式,宁可在一个城市扶持5家生美机构开轻医美,也绝对不要联合20个存在竞争关系的人合作开一家机构。

在同一座城市扶持5家轻医美机构,只需要把服务的团队区隔开来,每家机构采用自己独立的品牌与经营体系,互相之间虽然存在一定的竞争关系,但是每家机构都可以做出独特的品牌定位与差异化优势,形成良性的竞争关系。

如果联合20家生美门店共同开一家轻医美诊所,将一群存在直接竞争关系、价值观不同,且没有共同使命愿景的人通过利益聚集在一起,最终的结果是每个人都只会考虑自己的利益,最终会将企业做得鸡飞狗跳、矛盾丛生,即使有专业的顾问公司介入,也会陷入机构复杂的股权关系之中难以施展教练的武功，这样的机构最终难逃分崩离析的命运。

213. 当下轻医美如何做到轻资产，什么情况下可以仪器合作？

按照当下医美行业的供应链状况与市场竞争格局，很难实现真正的轻资产，因为前期的各项成本太高了，想在一二线城市投资一家300平方米左右的轻医美机构，前期投入要在300万～500万元之间，为了降低资产投入，可以考虑聚焦一个品类，实现单品类连锁化经营。

对于机构主营的单品项，不建议采用外部仪器合作。但是在轻医美经营过程中，如果存在以下情况，可以考虑采用外部仪器合作：

①团队不够专业

当机构尚未招聘到专业的技术操作团队，即使采购了自己的仪器也没有人能够在短期内学会操作，为了保障项目交付的效果，可以在短期内采用三方合作的形式。

②新项目不够确定

任何一个品项都不能保证在每个机构做起来，当仪器采购成本过于高昂而机构又没有充分的信心经营成功的时候，可以通过租赁设备或项目合作的形式来试水，降低机构的试错成本。

③创业资金有限

机构创业初期，能够调度的资金有限，但是又希望能够为顾客提供更好的品项与效果，可以选择部分采购成本较高的项目采用合作形式，待资金链充裕后再自行采购设备。

214．什么是轻医美？

轻医美是指医疗美容执照上的皮肤美容科的诊疗范围，也就是皮肤＋注射；科美是科技美容，这是一个不存在的品类，是基因转译出来的，科技美容是一个伪命题。

关于双美我们一般有两种理解：

伪双美——我有30家生活美容会所，另外有1家医疗美容机构，生美会所不给外部机构输送客人，医美机构也不做线上拓客与外部合作，只消耗这30家美容会所顾客的医美需求，这实际上是个闭环的内渠道。

真双美——生美医美一店双证，同时经营轻医美＋SPA项目，二者独立经营，能够通过口碑平台拓客，也能够走直客路线。从长远来看，这种双美模式显然更有前景。

目前很多传统的双美机构都面临品牌形象老龄化、顾客老龄化、老客流失严重、顾客上门不足等各种问题，他们都在积极谋求品牌转型升级，让老品牌焕发新活力，吸引年轻客群的关注，而他们转型的目标就是成为"轻医美＋SPA"的真双美连锁。

215．"轻医美"概念很火，真的有很大市场空间吗？

颜值经济下，轻医美成为新的行业风口，热度居高不下。这个市场空间究竟有多大，首先需要看几组数据：

第一组数据，中国三大医美上游药企在2022年上半年的表现：其中爱美客同比去年增长39.7%、昊海生科增长13.69%、华熙生物增长51.58%。

第二组数据，中国三大医美上市机构在2022年上半年的表现：其中朗姿股份同比去年增长18.5%，奥园美谷增长72.4%，华韩股份下滑7.2%。

可以看得出来，三家公司的营收，主要是通过非手术驱动，占到整体的75%左右。

这两组数据显示了哪些信息呢？

首先，是上游药企，通过平台直达用户，加速了行业渗透和普及率。

一直以来，医美行业的渗透都是在2%左右，主要原因是医美药械难以直接触达到顾客，只能通过医美机构自行传播，这种分布式点对点地传播，缺少效率与统一性。

从自媒体盛行起来，一个百万粉丝的KOL通过体验、种草、直播等形式，直接就可以在自媒体平台账号里，帮助上游和中游培育几百万的C端粉丝，由于是直接触达，能够给到顾客的价格也足够优惠，效率和普及度一下子就上来了。

其次，是下游客户，现在的客户，更愿意接受创伤小、周期短、客单低的求美方式。

随着顾客意识的觉醒，相对手术治疗的风险，顾客更关注治疗后的确定性。因此顾客的决策也随之发生了变化，再加上目前我国正处在经济周期的下行阶段，顾客钱包中可支配的份额变少了，他们自然也渴望支付更少的成本达到同样的医美效果。

最后，是中游机构，机构考虑投资回报周期，尝试低成本运作模式。

最近几年的新开医美机构中，面积超过5 000平方米、投资超过5 000万元的机构已经很少见到了，主要原因是资金的投资回报率太低。

医美行业普遍缺乏优秀的经营管理人才，机构开得越大，组织就越臃肿，耗损就越严重，再加上疫情的不确定性等，小而美、快时尚的医美机构将会更适合当下中国市场。

所以，从医美产业上、中、下游的变化来看，"轻医美"的流行背后，其实是一种新的市场机会：它是一种更轻的、更时尚的医美消费＋医美机构运营模式。

216．新轻医美品牌，当地没有知名度，如何做美团线上品项定价？

俗话说"定价定天下"，尤其定位较高的新开机构：如果定价高于竞争对手，在顾客对品牌没有充分认知的情况下，很难有选购理由，可能会失去很大一部分市场空间；如果定价低于竞争对手，可能会吸引一批过度在意价格的低消费力顾客，与目标顾客画像不一致，以后很难做成高端定位。

在"多快好省值"的选择上，建议首先把"值"字去掉，因为新开品牌没有品牌号召力与溢价空间，顾客感知不到"值"，因此第一个建议是在"省"字上下功夫，做高性价比。

第二个建议是优先打造"好"的品质，让顾客感知到好的环境、好的服务、好的医生、好的设备、好的品质、好的体验……做到这几点之后，品项价格可以高于当下第一名竞争对手定价的15%～30%，用于超出竞争对手品质的服务（相当于五星级酒店的服务费）。

217．三线渠道经营下沉省内四五线，是否应该转型轻医美？

渠道医美的消失是有一个时间周期的，这个时间长度可能在6年左右，目前传统渠道医美的经营困境主要暴露在一二线城市，对于四五线城市来说，还有一个盈利的时间窗口。

四五线城市开医美机构投资较少，团队下沉能力强，危机并没有那么快会影响到机构的经营，因此目前还是可以继续做的。但是在这个过程中有几点建议：

① 做好老店老客管理

完善顾客管理体系，做好老客激活与会员制管理，提升店家与顾客黏性，与店家长期保持合作关系、让老客能够持续返单，这是医美机构对抗经营风险最大的资本。

② 夯实品牌价值

从审美理念、顾客服务、品项打造、品牌势能等多个角度入手，夯实现有品牌的品牌价值，提升顾客体验感与市场认可度，打造能够媲美奢侈品的高端医美品牌。

③ 打造市场铁军

团队是企业最宝贵的资产，要完成企业文化建设、健全市场业务梯队，打造一支能打硬仗的市场销售铁军。

④ 保持高度敏感

在这个时间周期里，宏观形势、行业趋势和机构所处的竞争格局都在不断发生变化，建议保持学习的状态，强化商机嗅觉的敏感度，随着发展趋势的明朗，逐渐找到发展方向。

218．直客基因老板想做轻医美，社区还是商圈适合？

轻医美商业模式有很多种，具体哪一种更适合，与三个条件相关：

① 城市竞争格局

如果所在城市的高端商圈已经有成熟的轻医美，并且已经形成了连锁势能，那么市场新入者将会面临巨大的竞争压力。这种情况下不建议做商圈轻医美；如果目前所在城市的优质商场还没有品质轻医美，也没有比较有影响力的轻医美品牌，那么建议占据制高点，在最好的商圈开自己的轻医美品牌。

因为顾客相信商场的品牌影响力，会依据商圈的质量判断轻医美品牌的档次，在顶级的商圈才能够吸引到更优质的顾客。

②投资者的实力

投资者的经济实力决定了轻医美机构的前期投资金额与抗风险能力。如果投资者手上的现金有限，可以先开社区轻医美，存活之后再拓展商业模式；如果投资者手上现金比较充足，建议直接入驻优质商圈做商圈轻医美。

③商场的准入门槛

每个商场都有不同的品牌准入条件，有些商场可以进驻本土化品牌，也能够拿到比较优质的位置，则可以选择进驻；有些商场只允许进口品牌或者强势品牌入驻，本土化品牌需要支付昂贵的租金还很难拿到优质的位置，这样经营的利润空间就会非常薄，建议慎重入驻。

219．在省会城市开 1～2 家轻医美样板店，形成标准后放开区域加盟连锁，是否可行？

①轻医美窗口期短

轻医美的窗口期只有3～5年，一旦错过窗口期将失去成为区域头部的机会。开1～2家门店验证标准和复制，至少需要2～3年时间，极有可能错过行业的窗口期。

②加盟商选择风险大

如果采用加盟模式的话，加盟对象的选择、运营的标准化、服务的品质都是成功与否的关键。为什么很多商品型的加盟很容易获得成功，而服务型的加盟成功难度较大，就是因为服务型产品很难形成标准化，尤其轻医美品项虽然较整外项目更容易形成标准，但依然对加盟商的经营管理能力有着很高的要求。一旦品牌加盟商的经营出现问题，就会对品牌方的口碑造成负面影响。

③直管模式更接近成功

品牌在连锁扩张期可以考虑招募投资人或者合作商，但是不建议选择加盟模式，而是建议做成直管模式。当品牌做成5家以上直营店、形成相对标准后，可以考虑吸引投资、多支团队负责经营管理，自己拿51%的利润、投资人拿49%的利润，利润可以优先回报投资人的投资。

④全省连锁难度高

连锁是做给C端看的，而不是做给B端看的，只有当顾客在一个城市甚至一个区域能够看到一个品牌的多家门店，才会意识到这是一个品牌连锁，才能够形成真正的品牌势能。

因此在经营规模有限的情况下，建议不要急于做成全省连锁，而是要先聚焦省会城市，形成5家以上的商场店或者20家以上的社区店，在成为所在城市第一品牌之前，不建议面向全省做连锁。

220．什么人适合做未来轻医美直管店投资人？

①第一家店自己投资

首先，轻医美连锁的第一家店一定要自己来投资，这样才能够保证品牌基因的纯正，让机构的一切都能够按照自己的思路来构建。

②资本上门投资

轻医美是符合社会潮流趋势的投资热门，近年来广受主流资本的关注，已成为资本投资的"风向标"，很多资本都在积极寻找优质的轻医美投资标的，只要商圈店能够经营好，自然会有资本上门接洽投资事宜。

③优质大客投资

轻医美机构在经营一段时间后，会沉淀出一批有较强经济实力与投资意愿的优质大客，他们如果有意向也适合以LP的形式成为轻医美直管店的投资人，只享受经营分红，不参与经营决策。

221．定位高端生美连锁转型"轻医美＋SPA"，环境布局和营销怎么做？

因为机构的门店普遍是上下两层，建议营业执照可以拿双牌照，一楼拿皮肤科诊所牌照做轻医美，主要设置咨询室、光电仪器操作室与注射操作室；二楼拿生美牌照做SPA，主要操作身体保养类项目、化妆品和药妆。

关于营销推广的主题是什么，取决于机构的心智是什么。因为机构定位为"轻医美"，那么对外宣传的所有营销资源应该全部聚焦于轻医美，通过轻医美品牌进行拓客；之前生美机构拿SPA项目做拓客，因为客户是通过SPA来的，而转型之后SPA作为留客锁客的品项，则无须宣传推广，通过内部关联转化即可。

222．轻医美机构定位抗衰，前段光子、美白拓客，后段升抗衰，冲突吗？

抗衰一般有三重奏：

第一层，以光子、水光针、中胚层为主，主要解决初老的问题；

第二层，以超声炮、热玛吉、超声刀等仪器为主仪器，主要解决中度的衰老；

第三层，以线雕、注射填充、乔雅登、小线为主，主要解决相对严重的衰老。

抗衰项目的销售核心，是通过不同年龄层次的面龄衰老状况、抗衰预算以及对保养的需求给出不同的方案建议。

机构以什么样的品项来拓客需要考虑几个方面的要素：

① 美团与小红书上最火的设备/项目是什么

如果想要成为顾客心目中的主流机构，机构的设备/品项选择就需要与线上的风口保持一致，线上最火的设备如果机构没有，在顾客心目中就不能称之为主流机构。

② 机构内关联转化升单逻辑是什么

每家都需要一张六芒魔阵图来画出品项销售转化升单的逻辑，如果机构的定位是抗衰，那么六芒魔阵的中间位置就应该是主流的抗衰定制方案，依据主推抗衰品项向上倒推开口转化品项，也就是用于拓客引流的品项；向下推导深挖再挖的利润品项；并且制定锁客的年卡/疗程卡项目，保障顾客持续到店率，实现顾客价值的良性循环。

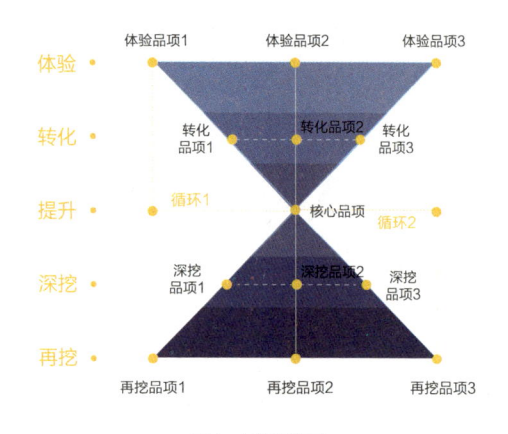

图 4 六芒魔阵图

223. 轻医美上游赋能商可以要求店家统一品牌名称吗？

轻医美上游赋能商如果要求店家统一使用自己的品牌名称，其本质属于品牌授权。品牌授权是指授权者将自己所拥有或代理的商标或品牌等以合同的形式授予被授权者使用，并向被授权者收取相应的费用——权利金。

从多个视角来思考，均不建议被赋能店家统一使用上游赋能商的品牌名称：

①赋能商的品牌价值不高

在传统的商业模式下，品牌授权对于被授权方的价值是可以共享授权方的品牌资产，更快获得消费者认知、降低顾客的决策成本、提高企业的利润水平，而这一切成立的前提是授权方的品牌已经形成了面向C端顾客的品牌知晓率与美誉度。

而作为轻医美上游赋能商的渠道医美是2B的机构，在C端顾客面前的品牌顾客认知度往往没达到很高的水平，授权价值不大，也很难收到权利金。

②品牌授权监管成本过高

对于上游赋能商来说，品牌授权不仅意味着收益，也意味着巨大的监管成本。一旦所有门店使用赋能商的品牌，就意味着赋能商对其经营行为负有监管责任，其中任意一家出现医疗事故与负面新闻，均会损害赋能商的品牌形象。

③价格体系难统一

不同的生美店家所开的轻医美机构因为在经营定位、顾客群体、生美品项等方面存在差异化，其经营的医美品项体系与品项定价往往千差万别，如果这些机构采用统一的品牌形象，那么价格体系方面的差异化将给机构经营和营销传播带来难题。

④合作店家缺乏安全感

生美机构在与渠道医美合作的过程中，往往就因为缺乏安全感而拒绝机构对顾客的深度服务链接，选择自营轻医美机构也是为了更有安全感地经营，如果要求他们采用统一的品牌名称，往往会导致这种不安全感如影随形，给合作带来一定的障碍。

对于生美门店转型的轻医美机构来说，他们更需要的是医美的"预制菜"模式，以便捷而标准化的模式解决机构对于运营、咨询与医术的需求，在顾客无感知的状态下享受全流程服务。而上游赋能商只需要收取应得的服务费，而后"深藏功与名"，既不需要过多地介入品牌运营，也不需要承担相应的经营风险。

224．轻医美连锁同城已加盟十余家，放开外市加盟还是同城继续加盟？

对于具有较大人口与城区的新一线城市来说，轻医美连锁最好能够做到同城百家，这样才能够形成可观的品牌价值。在同城形成较大品牌规模体量、形成足够的区域渗透之前，不建议放开外市加盟，因为连锁是做给C端看的，而不是做给B端看的，异地连锁对于品牌来说没有实质性的价值，连锁店能够生存与盈利的可能性也不大。

关于店与店之间的竞争问题，建议可以采用区域保护政策，比如直径3公里范围内只允许开一家机构，或者同一商圈内只允许开一家机构，只要坚持这个原则，就能够在有效避免区域竞争的同时，做好品牌势能与区域渗透，将市场教育得更好。

225．轻医美火了，手术类项目真的没有未来了吗？

虽然轻医美现在是医美行业的热门话题，但是并不意味着手术类项目就没有了未来。医美行业的权威数据显示，手术类项目的数量下滑40%-50%，但是我们依然发现很多手术做得比较好的机构，尤其是名医型的医美机构，业务量不仅没有下滑，而且是持续增长的。

那么业绩下滑的是哪些机构呢？是那些靠广告驱动的，是那些买流量的。很多顾客因为被广告吸引到机构，一旦广告的传播途径遇到问题或者效果打折，业务量就会明显下滑。而真正的名医与对顾客有价值的项目，因为顾客的需求一直存在，顾客的口碑效应有持续增长的趋势，所以业务量是会稳定增长的。国家对医疗美容行业管控日益严格，让原本抢占市场份额的非正规机构与非正规医生逐渐失去了生存的土壤，这也给正规机构与技术高超的手术医生腾出了应有的市场空间。

轻医美市场的火爆，其实是基于年轻客户群体的增加以及医美需求的市场总量不断增大，而不是通过压缩手术类项目的市场空间来提升的市场份额。

综上所述，有技术的名医、有好的医术与市场口碑的手术名医，手术量不仅不会下滑，还会显著增长。

226．轻医美SPA，有一部分生美存量客户，有什么办法可以转化为医美？

建议1：生美员工打板，建立医美信心

生美存量顾客转化医美消费的第一步不是着眼于开发顾客，而应该先建立生美团队对医美品牌与品项的信心，而建立信心最有效的方式就是项目打板。

首先让店长、美容师、顾问这些服务生美顾客的员工行动起来，以成本价打板医美项目，一方面建立对医美品项的认知与信心，另一方面与顾客有话题，能够通过沟通交流发掘顾客的医美需求。

建议2：循序渐进，培养医美消费习惯

生美顾客对医美品项的了解和接受需要一个过程，因此不要让顾客一开始就买单次消费价格很高的医美品项，这样顾客的接受度往往会比较低。

在开始阶段，要主推性价比较高的拓客品项，目的不是通过这些品项去赚钱，而是要培养顾客对医美的消费习惯，循序渐进升单。

建议3：让顾客心动的储值膨胀政策

从生美储值到医美消费需要一定的决策成本，想要让顾客心甘情愿地转卡，除了品项的价值塑造之外，还要有让顾客心动的储值膨胀政策，例如：顾客生美储值1万，到医美消费可享受1万抵1.5万的政策。站在顾客的角度，感觉买到就是赚到；站在医美机构的角度，能够快速吸纳一批有效顾客，并且实现快速消耗。

建议4：消费线上化，花钱买口碑

即使是生美存量顾客的储值转卡消费，也不要直接线下转卡，而是建议生美顾客到美团线上购买医美拓客项目，消费后写好评，储值膨胀金相当于花钱买口碑，努力在转卡同时将线上口碑做到所在区域的TOP级店家，以吸引更多线上顾客的消费选择。

227．哪些人适合转型投资轻医美？

在过去的一两年中，轻医美以迅猛的增长势头成为医美行业新的风口，不仅受到了资本的关注，也吸引了越来越多的医美行业人员与跨界人员投资，创立轻医美品牌、招募加盟商、形成品牌连锁……成为很多人的事业梦想。

但是，并非所有人都适合转型投资轻医美，因为"轻医美"并不轻，如果老板内在基因不符、资源不足，很可能轰轰烈烈地起盘，却黯然收场。

那么，具体哪些人适合投资转型轻医美呢？

①技术过硬的皮肤科医生

轻医美机构的经营范围为皮肤与微整，而且多以皮肤类项目拓客引流，转化升单微整品项，技术过硬的皮肤科医生在轻医美品项打造与技术交付方面具有得天独厚的优势。

②自带流量的医美大V

轻医美主力消费群为"90后""00后"的年轻客群，他们的信息获取渠道为线上自媒体平台，因此轻医美的常规获客方式为线上引流，而自带流量的医美大V能够以低成本获取精准的顾客流量，这对于经营轻医美机构来说具有巨大的价值。

③大型直客医美或轻医美机构操盘手

大型直客医美或轻医美机构的操盘手，具备较强的2C基因，符合直客机构经营者的能力模型，也能够便捷地获取更多医美行业资源，如果操盘新的轻医美品牌往往能够快速起盘。

④皮肤管理中心老板

皮肤管理中心虽然属于生美的范畴，但是无论顾客群体、消费需求、经营模式还是营销获客都与轻医美机构高度相似，从皮肤管理中心升级轻医美，转变的只是经营范围与品项设置，其他的都驾轻就熟。

⑤大型医美直客品牌

随着轻医美市场份额占比逐渐提升，很多大型直客机构面临手术类项目占比降低、业绩下滑，顾客返院复购率持续降低等问题。为了解决这些问题，他们选择采用"1+N"模式，在一家总院的基础上，新开轻医美卫星店，通过皮肤类项目拓客引流、升单微整类品项，筛选出手术类项目需求后输送至总院。

⑥资本雄厚的跨界投资人

每一个行业风口都是资本机会，跨界投资人进入医美行业最大的优势在于能够以更高的视野与更大的格局对这个行业进行颠覆式创新，并且凭借雄厚的资本找到优秀的专业人才负责机构的经营，最终实现降维打击。

228．渠道转型开轻医美有没有机会？

传统渠道医美转型直营轻医美的成功概率非常低，目前在行业内还没有经过市场验证的成功案例，原因在于以下几个方面：

①老板并非擅长领域

传统渠道医美是2B的基因，主要服务的是生美店家，然后通过店家实现获客，而直营轻医美做的是2C的生意，直接面对顾客，做惯了2B的老板和团队很难把2C的业务做好。

②能力模型不同

传统渠道医美更考验线下拓店捞客的能力，而直客轻医美更考验线上获客与口碑打造的能力，两者截然不同的业务模式，决定了对高管的能力模型要求完全不同。

③顾客差异明显

传统渠道医美有"三老"：老女人——顾客年龄普遍偏大，大部分顾客都超过40岁；老面孔——传统渠道医美借助生美与顾客的客情关系，持续深挖老客，通过优质老客支撑业绩；老贵了——通过层层铺垫、价值塑造、审美设计与感动式服务来支撑高客单价。

直营轻医美机构的顾客普遍年轻，主力客群为"85后""90后"，甚至"00后"，他们更喜欢充满创意的营销活动、简洁高效的沟通方式与直观便捷的服务方案，这些是传统渠道医美很难具备的。

因此，不建议传统渠道医美机构的老板去踩直营轻医美的坑，除非有一种可能：渠道医美的老板同时也是轻医美的资深求美者，非常懂产品、懂服务、懂顾客需求……自身具备一定的轻医美需求，可以尝试直营轻医美赛道。

229．轻医美机构该如何选品？"大而美"还是"小而美"适合？

对于轻医美机构来说，选品可谓至关重要，选多了投资浪费，难以实现较高的投资回报率；选少了难以满足顾客的需求，在市场竞争中也不具备足够的竞争力。不同类型的轻医美机构在选品方面有不同的原则，具体可以分为以下几类：

①地标旗舰店做一流品牌

选址城市地标建筑的旗舰轻医美门店，定位所在城市的轻医美

NO.1，专注服务在意高品质与体验感的高净值精英阶层，为了满足顾客需求、支撑高客单价，在品项搭建方面需要引进一线主流品牌的豪华设备与顶级耗材，而且要在第一时间引进一流品牌的新品，这样才能占据领先的行业地位。

② 高端商场店做网红爆款

选址高端商圈的商场店，往往占据交通便利、客流量高的优势，能够吸引注重新鲜感的年轻客群关注。在品项搭建方面需要关注新氧、小红书等医美平台上的最新爆款产品与设备，时刻紧跟时尚潮流。

③ 核心商圈店做品类聚焦

选址甲级写字楼与社区型购物中心的核心商圈店，吸引的是注重专业度与性价比的中端消费群体，如果选择全品类项目，很容易让品牌定位模糊，也难以持续锁定顾客的消费。因此建议在选品方面做到"舍九取一"，针对一个系列，把一个品类做透，比如选择祛斑、水光、年轻化等，全线采购所聚焦品类的产品与仪器，匹配优秀的医生与技术，很容易做出壁垒。

④ 社区连锁店做经典品项

选址社区周边的轻医美连锁店，客群定位为注重便利性的周边客群，在品项搭建方面建议选择久经市场考验的经典设备，例如水光针、中胚层疗法、海菲秀等，仪器功能以抗衰或者皮肤护理为主，一方面拥有广泛的客群基础，能够在短期内做出普及率；另一方面仪器效果经过充分验证，操作没有特别高的技术壁垒，容易招到合适的操作人员，仪器的生命周期较长，不会被轻易淘汰。另外可以采用重光电操作日（合作或巡店）的形式，来满足顾客更高一层的消费需求。

230．生美转型轻医美，是不是必须走高端路线？

并不是每家医美机构，都适合定位高端的，也并不是每一个老板，都能够经营好一家高端医美机构。我们看到的很多轻医美机构，都是价格高端而品质不够高端，最终既服务不了注重品质与体验感的高端客群，又失去了大众客群的青睐，最终要么扛不住流量与业绩的压力放下身段降价，要么经营惨淡。

如果一家医美机构定位高端，那么在"多快好省值"的差异化价值选择之中就必须做到"好"和"值"，从选址开始就要选择城市地标建筑或者高端商圈、甲级写字楼等好地段，匹配高品质感的奢华装修，以及好医生、好技术、好服务、好背书……并且在品质、文化、内涵等方面都要做一个长期主义者，要去忍受孤独的考验，因为做高端就意味着必须要放弃很大一部分普通顾客，意味着成本比其他机构要高，同时也意味着需要漫长的市场培育期，这对任何一个老板来说，都是一个巨大的考验。

适合定位高端路线的医美机构老板往往具有如下特征：

① 有做高端品牌的内在

喜欢奢侈品、高端房产、车等高端商品的老板，更能够了解高净值阶层的消费习惯，才能够做出一家符合精英客群需求的高端医美机构。例如，智美颜和的创始人之前就是某高端房企的高级职业经理人，她打造出来的机构从选址装修到服务流程都完美贴合某一特定阶层的消费习惯。

② 完美主义者

实用主义者的老板是打造不出高端品牌的，如果老板本人就是个重度的奢侈品品牌资深消费者，非常注重服务的品质与细节，拥有高端圈层的人脉资源，而且是个完美主义者，才能够不惜成本去打造每一个环节的品质。

③生美就足够高端

生美转型轻医美，不仅是经营模式的转型，也会延续生美品牌的基因与顾客资源等，如果原有生美品牌的定位与经营就足够高端，拥有一批高端客群资源的积淀，则新开高端轻医美机构可以更快完成从0到1的初创发展期。

对于不具备上述基因的大多数生美老板来说，转型轻医美机构与其定位做高端，不如先打造一个大众的、知名度高、大多数人选择的医美品牌，这样经营相对容易，也更容易度过市场培育期。

当企业有能力成为优秀的社会大众轻医美品牌之后，并且拥有几家社会大众轻医美机构之后，可以新开一家臻选店，重点服务社会大众店筛选出来的高端优质顾客。

231．传统生美，10家皮管＋1家轻医美连锁模式靠谱吗？

"10家皮肤管理＋1家轻医美"的布局比例曾经被奉为"双美"发展的"金科玉律"。一时间，诸多拥有三五家皮肤管理店的老板纷纷摩拳擦掌，选址、批证、招人……盲目扩张的背后是一地鸡毛的乱局。

判断这个商业模式是否可行首先要想明白一件事情：10＋1，究竟应该先有10还是先有1？我们来看看做出这两种选择的企业分别经历了什么：

①选择先扩张皮肤管理规模的企业

从商圈选址到招兵买马，从团队培养到标准建设，无不牵涉大量精力、占用大量资金，最终店开起来却发现新客上不来、团队跟不上，只能从老店分流人手去新店填坑，而新店迟迟不见起色，老店业绩又元气大伤，更遑论再新开一家轻医美了。

②选择先开一家轻医美的企业

一脚跨进了一个自己几乎完全未知的领域，网红装修、招运营、招医生、招咨询、买设备、做标准化……焦头烂额地支起摊子之后，才发现医美的水太深，同样的顾客送到大渠道分分钟出百万业绩，在自己家轻医美里三五万都赚不出来，更要命的是短期内把现有生美会员的医美需求挖完之后，发现最难的不是转化，而是轻医美的引流！

所以"10＋1"乍一听很有道理，看起来也很美，但是今天所有做10＋1模式的都痛不欲生，所以10＋1就是个伪命题，不要去做。

232．为什么轻医美是风口？

汇成医美于2017年开始投资自创了一个科技美肤品牌叫作"37美"，历时两年左右最终投资失败，关于失败的原因总结如下：

①老板认知问题

老板在一个问题上的认知，决定了自己在这件事情上的竞争力，认知以外的生产因素（比如资金、产品、人才）都是可以构建的，而老板的认知就是企业最大的天花板。

"37美"创业之时，孙老师的思维认知，以及对行业、对消费者的认知局限都还是比较大的，在没有清晰完善的战略规划之前就仓促起盘，在过程中才发现商业模式本身存在的各种问题。

②服务对象问题

一个公司能够长期存在的理由，是为社会解决了什么问题，创造了什么价值。"37美"当时更多考虑的是如何为B端客户解决顾客流量的问题，而忽略了为C端求美者真正解决了什么需求、创造了什么差异化价值，因此在面向C端客户的引流方面存在了一些问题，导致很多加盟商没有能够实现盈利。

③时机选择问题

作为草根创业者，不要去追求敢为天下先，因为背后没有雄厚的资本支持，也不具备开天辟地去开创一个行业的实力，因此更适合在已经有人验证了可行的行业去做创新尝试。"37美"创立之时，轻医美的概念还没有被社会大众普遍接受，过于超前的代价就是没有成为行业先驱，却折戟沉沙成了试验品。

④团队模型问题

"37美"在搭建创业团队架构的时候，一味考虑使用汇成的老班底，却忽略了核心岗位的胜任力模型与目标画像，最终因为人员与岗位的不匹配，也导致了很多商业构思没有能够得到很好的执行。

成功的创业往往是"天时、地利、人和"多种因素共同的成果，不成功的创业经验往往也是因为各种各样的原因，希望"37美"的失败教训能够给所有的轻医美创业者提供参考价值，能够少走弯路不踩坑。

233．轻医美连锁加盟，计划走先农村后城市的战略，先布局三四线城市，是否可行？

任何一家企业在制定发展战略的时候都要想清楚几个问题：战略的起点、终点与路径分别是什么。首先要明确的是企业十年后的终点是什么，要走哪条路才能够更顺利地到达终点。

如果老板希望企业十年后成为"中国轻医美领导品牌",或者"中国著名轻医美连锁品牌",或者"十年后拥有100家轻医美连锁店",那么我们依据这个终点来评估,企业当下所做的事情是否有价值?

这个商业思路有几点不成熟的地方,建议老板深度思考:

①战略布局不聚焦

从商业的本质来说,在一个城市内形成统一的连锁品牌才具有商业价值,在多个地方零零散散地分布多个门店或者在一个城市布局多个不同的品牌模式,都是没有什么商业价值的,因为在顾客心目中没有办法形成连锁品牌。因此建议聚焦自己最强势的品类,统一品牌心智。

②轻医美布局三四线城市不靠谱

轻医美品牌加盟先布局三四线城市也是一个不成熟的战略路径,因为当下的轻医美市场还处于方兴未艾的发展初期,市场的成熟度还需要几年的时间培育,目前只有一二线城市的顾客对轻医美的认知与接受度比较高,三四线市场的顾客认知与需求还有待提升。

此时进入三四线市场所要面临的竞争对手可能都不是正规军,而是中小型的美容院与工作室,他们都不按套路出牌,他们能拿淘宝上买的小仪器与欧洲之星和皮秒抗衡,这样就会非常被动。

既然企业已经走过了初期发展阶段,拥有了比较强的实力,就不建议采用先农村后城市的战略了,而是建议选择主流市场建立品牌之后再考虑下沉市场。

234. 二线直客计划商圈内开轻医美,运营模式有什么建议?

首先,确认当地有没有轻医美品牌进入商场。

如果暂时没有，那么你还有机会进入；如果当地已经有轻医美品牌进入商场，且进的是第二梯队的商场，你就要进入第一梯队的商场；如果对手进入当地排行第一名的商场，你再进入的位置与面积要优于对方，才有机会跑赢；如果找不到更好的位置与面积，就不要进商场了，而要选择到高端社区开店，利用便利性来截留高端顾客，占据高消费频次，只要品质不输依然有机会。

另外，如果有一个3 000平方米的整形医院，然后在商场开轻医美连锁，向整形医院导流往往难以成功，因为难以匹配优秀的人才，也难以投入巨资放置高端的设备与同商圈的强劲竞争对手进行PK。

因此，轻医美进商场，就是要做品质轻医美，有重型设备、好医生，做好美团导流，才有成功的可能。

235．赋能现有双美转型，为什么要聚焦轻医美，可以做整外吗？

做整外项目的上游赋能商，有可能面临如下问题：

①医生成本高

目前行业内水平较高的整外医生价格基本都在12万以上，低于这个价格的医生品质就很难保证了，这个价格可以聘用3-4个皮肤光电科医生。

整外医生所能创造的价值有限，如果做整外的上游赋能商，可能等于给医生打工，利润空间难以保障。

②顾客复购低

无论眼鼻还是脂肪、胸，绝大多数整外项目都是一生一次的生意，顾客复购率极低，而皮肤微整是长久的生意，可以循环开发顾客的终身求美需求。

③经营风险大

医美项目创伤度越大，经营风险越高：皮肤类项目一般很少发生医疗失误、微整类项目如果发生客诉一般也都是可逆的，而手术类项目一旦有失误往往挽救的成本极高，一旦出现问题损失的可能不只是几万几十万的赔偿，而是一家店的合作机会，甚至在一个区域市场的口碑。

④品项普及低

生美店家输送的顾客往往求美销售都比较保守，对于整外项目的接受度比较低，手术类项目很难做到高度普及，能够创造出的业绩价值也比较有限。

因此，我们建议渠道医美赋能生美机构转型首选定位轻医美，对于已经开了医美机构的双美连锁型机构，建议把整外科室砍掉，注销美容外科科室，只满足顾客的皮肤与微整需求。

如果现有顾客有一定的整外需求，建议赋能商以代理中间商角色输送到外地的渠道医美机构去合作，收取10%～20%的代理商利润；现有顾客的大健康业务需求也可以输送给专业机构，收取中间商分成即可。

236．轻医美连锁的核心是什么？

目前国内市场还没有真正成熟的轻医美连锁，很多看起来已经开了很多家门店的品牌，其实都是"连而不锁"。

想要成为真正的连锁品牌，首先要成为区域第一，同时必须具备"标准化、数字化、轻量化"三个关键品质。

正确的轻医美连锁打造流程：
① **单店验证**
开出第一家门店，验证商业模式、供需采购、盈利模式、业务流程等。
② **标准打造**
开出第2~3家门店，通过前3家的选品装修、定价体系、品牌营销等业务流程与标准梳理，打造可复制的标准化体系。
③ **人才复制**
依据连锁扩张的商业规划，搭建组织架构、完善薪酬体系、招聘储备人才、构筑培养体系，为连锁化扩张完成人才储备与人才复制体系。
④ **同城连锁**
同城开出十家以上的门店，经过一段时间的经营验证，确定没有出现门店经营良莠不齐的情况，才能够确认具备连锁扩张的能力。

综上所述，轻医美连锁的前提是先做好轻医美，然后才有可能真正成为轻医美连锁。

237. 轻医美机构需要哪些医疗资质？

首先，轻医美是一个经营范围，即美容皮肤科诊疗范围，是介于手术整形与生活美容之间的皮肤美容项目，通过激光、射频、注射填充、生物技术、化学剥离等非手术医学手段进行皮肤护理。

原则上来说，经营轻医美机构只需要拿医疗美容皮肤科资质就可以了，但是基于以下几个方面的考虑，建议可以考虑拿美容外科资质：

① **医生招聘因素**

如果是美容皮肤科资质，那么机构就无法注册美容外科资质的医生，在医生招聘方面会有比较大的局限性，而目前行业内很多微整注射比较好的医生都是持美容外科证，因此为了招聘的便利性，建议可以考虑申请美容外科资质。

②顾客升单因素

很多操作皮肤微整项目的顾客，很有可能经过持续铺垫之后，深挖出眼鼻脂肪等美容外科方面的项目需求，如果机构只有美容皮肤科资质，则无法操作这些手术类项目。

基于以上因素，建议1+N型的轻医美连锁机构，旗舰店一定要申请美容外科资质并装修手术室，而社区连锁店则只需要有皮肤科就可以，不需要装修手术室。

238．轻医美机构的品项体系应该如何搭建？

机构的选品是依据品牌的经营定位、服务的目标客群与市场竞争环境来决定的，不同类型的轻医美机构所经营的品项体系均有所不同。

一般来说，建议选品规则如下：

①流量型轻医美选爆款

流量型轻医美主要通过新氧、美团、小红书等线上流量平台获客，主力客群为年轻顾客群体，他们的信息获取渠道通畅，消费习惯紧跟时尚潮流，因此必备品项为网红度高的爆款产品与设备。

②地标旗舰轻医美做豪华矩阵

选址在高端商场或者甲级写字楼的地标旗舰轻医美，主力客群为消费力较高的职场高级白领等精英阶层，他们在消费轻医美品项时更在意品质、服务与体验感，因此在搭建品项体系时建议选择高品质的产品设备、具有高端审美的设计师与行业顶级的医生,来搭建匹配高端顾客的豪华品项矩阵。

③社区轻医美选基础款

社区轻医美一般采用"1+N"的连锁模式,即1个旗舰店+N个社区小店,选择社区小店的顾客多在意舒适感与便利性,单价低、决策成本低的基础款品项即可满足他们的日常消费需求;旗舰店需要匹配健全的品项体系矩阵,重光电设备可以到各社区店巡店,满足顾客的升级消费需求。

239. 轻医美上游赋能商如何保证店家的忠诚度?

对于传统的渠道医美机构来说,一个很大的痛点就是生美店家对机构没有忠诚度,哪家返点高就跟哪家合作,一旦变成了更为松散的赋能合作模式,店家的忠诚度就更没有了保障。想要让生美店家保持忠诚度,短期内靠合作模式,长期则靠自身实力,具体建议如下:

①合作保证金+业绩返还

在赋能生美转型合作启动前,收取一定金额的保证金,依据后期的业绩产出进行返还。例如向店家收取30万合作保障金,包含开店过程中所需的证照审批、医生挂靠、选址装修等各项服务;然后这30万保障金保障产出600万业绩,每产出100万返还5万元,在30万全部返还之前,店家一般不会轻易更换合作团队。

当600万业绩产出之后,店家的经营模式与双方的团队就已经完成了深度磨合,店家与顾客对赋能商的团队已经产生了深度依赖,没有严重的问题一般不会随意更换合作团队。

②练好团队内功 + 品项持续迭代

让店家对赋能商产生持续依赖的前提是打造团队的实力：市场团队的赋能培训能力、下店捞客能力；卖手团队的咨询销售能力、大单成交能力；医生团队的技术交付能力、沟通交流能力等，都要成为行业的翘楚，让店家团队与优质顾客形成依赖。

一家店的合作蜜月期只有18个月，因为18个月之后现有的品项已经基本完成普及，这时候就需要推出新的品项来深挖顾客的消费需求，就像苹果手机持续推出新型号一样，让顾客产生持续的迭代消费，才能够绑定店家的持续忠诚。

240．轻医美上游赋能商有必要定制进口设备吗？

通过近几年医美行业的光电仪器销售行情我们可以发现，销售最火爆的仪器未必是效果最好的，但一定是网红度最高的，从热玛吉5到Fotona4D，从黑金DPL到超声炮，无一不是在小红书上炒火之后被顾客普遍接受，然后在医美机构广泛普及。

顾客选择一款仪器和它是不是进口的并没有直接关联，甚至跟做完之后的效果程度没有等比例关系，再好的仪器只要网上不够火，想要让顾客接受都需要花几十上百倍的努力去推广，还不一定能够成功。

轻医美上游赋能商，能够赋能生美转型机构的是：开机构所需的各项审批流程、运营管理体系、市场服务体系、咨询成交体系与医技交付体系等，这其中可以包括重光电仪器的巡店交付，但不能包括定制医疗设备的推广。

一旦做了这件事情，合作的性质就变了：上游赋能商变成了仪器的供应商。而竞争赛道也不同了，目前的医美设备供应处于半垄断的状态，背后没有雄厚资本的市场新进者基本没有胜出机会。

所以，这是一件完全没有意义的事情，千万不要做。

241. 渠道医美转型轻医美上游赋能商，需要帮助店家拓客引流吗？

首先，生美的拓客引流并不是渠道医美擅长的事情，因为渠道医美是2B的基因，而生美的拓客是2C的事情，因此不要做自己不擅长的事情。

如果生美转型的轻医美机构需要拓生美顾客，就建议其去找专门的拓客公司；如果要从生美向医美拓客，建议美容院申请皮肤美容科诊所资质，合法操作皮肤检测、水光针、小气泡等基础皮肤项目，一方面养够自己的成本，另一方面培养生美顾客的医美消费习惯，加大顾客的普及率漏斗，实现向医美重光电项目的引流。

如果需要直接引流医美顾客，建议将美团账号做大做强，一方面引导所有的轻光电项目顾客通过美团点评下单，做大客单量；另一方面狠抓服务体验，提升好评率，将美团账号做成本地的五星商户，然后吸引大众直客自然上门。

242. 轻医美连锁加盟费门槛如何制定？

"轻医美"并不"轻"，在加盟费用之外，加盟商的装修＋仪器采购等启动成本大概需求10 000元/平方米，这就决定了轻医美的准入门槛不可能很低，一旦门槛降得太低，加盟商的实力与品质就很难掌控，品牌方的盈利收入也会受到影响。

如果担心因为加盟门槛过高影响了连锁扩张速度，可以采用两种思路：

① 鼓励加盟商开第二家店

让原本已经开了第一家店的加盟商在3公里范围内开第二家店，加盟费可以给予一定的折扣或适当减免，争取在最短的时间窗口内将品牌势能做强，将市场做透，不给跟进者留下太多的市场机会。

② 将加盟费变为合作押金

面向手中有顾客资源的生美店家开招商会，输出一套轻医美加盟合作方案，为店家提供证照审批及全流程扶持，店家自主品牌，收取合作押金进行业绩对赌，例如押金20万元，对赌业绩500万元，承诺24个月内向品牌方旗下渠道医美机构贡献业绩输出，每完成100万元业绩返还4万元押金，将加盟费盈利转换为业绩分成红利。

243. 传统双美连锁转型"新双美"，主推品项有推荐吗？

一家机构的主推品项设置需要考虑几个方面的因素：

① 目标客群需求

传统双美连锁机构战略转型的初心，是为了解决当下品牌形象老龄化以及客群结构老龄化导致的老客退场、顾客流失、业绩下滑等问题，因此转型之后的目标客群要定位于更具消费潜力的年轻群体，而年轻的"90后""00后"并不是面部护理等传统生美项目的目标客群，他们更加青睐皮肤养护、皮肤抗衰、微整注射等轻医美项目。如果以生美品项作为机构主推项目，会失去年轻的精准目标客群。

② 漏斗转化率

医美机构的销售逻辑其实是一个漏斗，把漏斗做大了之后，还有一个重要的指标就是漏斗的转化率。数据显示在年轻客群中，生美顾客向轻医美的转化率为10%，而轻医美顾客向SPA类身体养护项目的转化率则高达70%。

综合以上两个因素，建议新双美机构的主推品项优先选择轻医美项目：顾客群体大、留存率高，顾客群体会越做越大；如果选择主推生美品项，则可能将客群越做越小。

244. 新开轻医美机构，是否要采用会员制？

会员制本身不是一个销售套路，而是一种商业模式。所以理论上来说不分新机构、老机构、传统医美机构，还是轻医美机构，都可以开展会员制营销。

传统认为医美机构要积累一定顾客资源之后，才开始做会员制营销，但现在我们认为新机构应该从拥有第一个顾客开始，就要启动会员制。

如果我们想让顾客心甘情愿地成为会员，就必须从创立之初就足够重视机构的技术品质、服务体验感与顾客满意度，这些才是顾客选择这家机构、愿意成为会员、产生持续消费的理由。

所以建议轻医美机构从创立之初就拥抱会员制，做好会员服务、积淀会员资产、搞好会员活动、提升会员满意度，这样才更容易在医美行业中拥有自己独特的竞争力。

245．生美转型连锁轻医美，现有外部合作的项目还要继续做吗？

既然机构要转型轻医美，现有的外部合作机构就要逐步停下来，考虑到机构的收现需求与转型的时间窗口问题，这个过程可以分为几个阶段：

①光电项目自有化

首先自己购买光电仪器，招聘医生/操作师，断掉光电项目的外部合作，实现光电项目自有化之后才能够有进一步转化升单的机会。

②微整线雕自有化

光电项目做好之后，招聘技术好、审美在线的微整医生，培养具有较强审美理念与咨询成交能力较强的美学设计师，实现微整线雕项目的自有化。

③其他品项自有化

除私密、大健康项目可外部合作外，其他品项全部停掉外部合作，实现自有化。

246．三线1家医美＋9家生美，医美起步晚，还需要开一家轻医美吗？

首先，按照企业目前的经营状况，不建议另外新开轻医美品牌，而是投入精力重点将现有的机构做大做强，具体可以分为几步：

①提升生美顾客的医美普及率

打造高性价比的医美品项体系，提升生美顾客的皮肤类项目消费频次，培养生美顾客的医美消费习惯。

②提升直客有效顾客占比

通过美团等线上平台获取大众客，逐步降低医美机构对内渠顾客的依赖性，第一阶段做到直客的有效顾客数量超过内渠道，第二阶段做到直客的业绩占比超过内渠道。

③建立医美TOP1的大众心智

通过品牌宣传、营销推广、公关活动等，打造线上线下口碑，建立医美TOP1的大众心智。

④轻医美连锁转型升级

从现有生美门店中选择一家改造为轻医美门店，以一店双证的形式经营"轻医美＋SPA"的业务模式，将轻医美业绩做到70%以上，然后将所有门店逐步转型为"轻医美＋SPA"连锁。

247．传统双美构老板转型轻医美要做哪些准备？

对于任何机构来说，转型都不是一蹴而就的事情，而是要做好充分的准备，建议传统双美机构的老板在具体的转型启动之前需要做好以下几个方面的准备：

①成为轻医美资深顾客

很多生美机构的老板都是资深求美者，但是之前的项目操作基本上都是基于外部合作机构的合作打板与自己医美机构的品项打板。如果想要转型开轻医美机构，自己就要成为轻医美的资深顾客，去10家以上的轻医美机构消费，这样才能站在顾客的视角去看待机构的定位与服务，找到未来对标企业的画像。

②系统学习轻医美知识

对于传统生美机构来说，轻医美是一个全新的领域，无论选址装修、客群定位、服务流程，还是品项体系，都与之前的生美顾客存在极大的差异，因此建议在转型之前系统学习轻医美转型相关知识，提前预知转型过程中可能遇到的问题，才能够少走弯路不踩坑。

③完成商业计划书

一份成功的商业计划书不仅可以用来介绍企业的战略规划与价值实力，展现未来的成长方向与愿景，而且可以对机构未来的经营做一个通盘的规划，量化出机构潜在的盈利能力，制定出行之有效的推进计划。在商业计划书的制定过程中，机构可以细化验证转型思路的科学性与转型计划的落地性。

④搭建完善的团队

所谓"事在人为"，机构转型过程中的所有落地执行都需要优秀的操盘手与专业的团队来实现。因此在转型启动之前，需要完成核心人才的招聘与选拔录用，并且预留出与现有团队磨合的时间，避免后期经营过程中出现团队内耗。

第九部分 09

双美转型篇

SHUANGMEI TRANSFORMATION CHAPTER

企业要搭建完善的人才生产、业务运转、产品研发与中台赋能体系,并实现体系间的啮合运转。

—— 勇者说

248．双美专注转型轻医美，生美真的不能再扩张了吗？

从行业的发展周期来看，传统生美行业已经进入成熟期的尾声，部分城市的生美市场已经走向衰退期，市场增长率与顾客需求量显著下降。虽然很多生美机构与行业组织还在传递出生美行业依然欣欣向荣的表象，但是这一方面源于某些机构因为所在城市因素与品牌影响力因素影响，目前尚未受到业绩下滑的巨大冲击；另一方面源于一些机构老板的虚荣心理，只愿意展现出企业光鲜的一面。

事实上，一个行业10年之后依然有未来，才是真正的有未来。

传统的老美业，服务的是有一定年龄的老顾客，"85后"的顾客可谓凤毛麟角，现在这批顾客已经逐渐步入老龄化，退出求美的主力消费市场，在家庭消费中也逐渐失去决策权，而新生代的年轻人则不认为传统美业是适合自己的消费场所。

因此，从顾客维度来判断，传统生美行业已经不具备未来的发展潜力。

关于传统美业转型，很多咨询机构也给出了各种各样的建议，从中医诊所到月子中心，甚至餐饮、幼儿园等等。我认为传统美业最靠谱的转型是升级做养老服务，一方面因为传统生美顾客已成为养老服务的主力消费人群，而且在过去的若干年中，生美团队已经与顾客建立了不可替代的情感链接；另外一方面养老服务比较符合刚需、高频、可循环的商业逻辑。

因此，我们不建议生美连锁机构与双美机构继续扩张生美门店的业务，而是建议尽早完成转型升级。

249. 传统双美机构如何孵出皮管中心等新美业品牌？

很多人或许认为，一家企业能否孵化出新的品牌最重要的是资金基础，但事实上很多资金实力雄厚的企业，在新品牌孵化方面折戟沉沙。这是因为他们忽略了战略前瞻与人才储备的重要性。

一个老板最核心的武功，是能够提前预见5~10年后的行业发展趋势和战略破局机遇，而机遇则是所有有利因素与条件的集合，企业家要有发现战略机会的慧眼。因为市场竞争的胜利者不是追随者，而是发现未来、引领未来的人，只有不断满足消费者现有需求并创造出新的需求，才具备孵化出新品牌的可能性。

孵化新品牌的另外一个核心关键因素是人才的储备。与传统双美行业相比，皮管中心是一种全新的运营模式，需要由具备创新思维、能够服务年轻顾客的团队来操盘运营，但是外部招聘的操盘手又很难融入传统双美的企业文化与工作方式，"新人做新事"意味着极高的不确定性与失败的概率。

因此，只有金字塔尖上的顶级双美集团和具有前瞻意识的掌舵人，才能够提前预知美业的发展趋势，提前储备培养新美业经营人才，在风口到来的时候，已经成功打造出老、中、青、幼科学分层的多元化组织结构，才有孵化出新品牌的可能性。

250. 生美转型双美初期时遇到的关键问题是什么，建议如何解决？

传统生美连锁机构转型双美可谓大势所趋，目前有些区域头部生美机构已经完成了这个转型并积淀了丰富的经验，现归纳一下转型初期普遍会遇到的问题与解决思路如下：

① 投入的问题

传统生美连锁机构习惯了通过外部合作开发顾客的皮肤项目需求，不需要前期任何投入，只需要将顾客约来交给厂商就能够收割业绩、得到收益。转型双美的第一步就是实现皮肤品项的自有化，这就需要投入大量资金购买皮肤产品与仪器，短期内还不一定能够做出业绩。

这时候需要老板想清楚一个问题：究竟想要现在的钱，还是未来的钱？皮肤品项如果不能实现自有化，机构就永远不可能断奶，更不可能成功转型双美，所以这笔投入是不可省的。

② 人才的问题

原有的生美团队中很难提拔出具备医美经营能力的运营与管理人才，外部招聘的医美人才又很难在短期内融入团队。怎样才能避免团队形成内耗？这是让很多转型期老板挠头的问题。

我们建议医美机构的管理层采用组合制：

A. 初期采用A＋B组合，外聘的高手做一把手，生美的高管做二把手；

B. 之后采用B＋A组合，让生美的高管通过学习进化，变成一把手；

C. 保险的组合其实是A＋B＋C模式，转型期签约汇成，陪伴整个转型历程，让机构少走弯路不踩坑。

③ 价格的问题

生美出身的人，在以往输送顾客的过程习惯了大客大单大业绩，看不上万八千的小客，在品项定价与销售成交过程中，也习惯性不断抬高价格，导致客人因为价格不断流失。

这时候就需要老板摆正心态，认知到品项普及率的重要性，通过合理定价获取更多有效医美顾客，实现机构的良性增长。

251. 双美开通抖音获客，生美不接受顾客低价引流，如何平衡？

这其实是个没有办法平衡的问题，因为人性的本能是自私的。

站在生美团队的角度来思考，自己苦心维护多年、之前一直持续产出高业绩的老顾客通过线上购买了低价品项，不仅意味着原本视若囊中之物的高业绩不翼而飞，更意味着自己丧失了客户的归属权。

站在医美团队的角度来思考，只有产生消费的才能算作是顾客，如果不开放自己线上获客平台，不仅意味着新客流量难以获取，原本的生美老客也极有可能流失到别家。

因此，想要解决这个问题，可以通过几个动作来化解生美团队的心结：

①存量老客盘点

打开每一家双美机构的存量老客数据进行盘点，几乎都会发现诸如：老客多年沉睡不返院、自己的老客已经到别家消费、顾客对服务或效果不满意售后回访电话不敢打、原本有效的顾客服务套路失灵等诸多问题。

针对这些问题进行详细剖析，才能够让生美团队意识到传统生美的黄金时代已经一去不复返，顾客不是我们的，而是社会的，顾客没有义务对我们绝对忠诚，转型才是唯一的出路。

②宏观数据分析

借助汇成医美的课程或者其他会议/学习机会，让生美团队了解生美行业与医美行业的宏观形势与发展趋势，实现认知的提升与思维的同频，认同企业的经营定位升级与获客路径转型是顺势而为的必然。

③绩效体系平衡

短期内为了避免矛盾的激化，企业可以在某个特定阶段进行短期的绩效激励政策调整，鼓励生美团队提升医美项目的普及率，实现相对平稳过渡。

以上措施都是尽量平衡生美与医美团队的矛盾，但是无法从根本上解决矛盾的根源。但转型是传统生美机构的必经之路，无论遇到什么样的阻力与障碍，老板都必须保持战略定力，员工如果想不开坚决抵抗就只能离职。

252．私密行业发展如何？双美能否主攻私密？

私密是一个非常有价值的品类，也是一个相当不错，并能够实现长期化发展的赛道。

数据显示，2022年中国私密整形、抗衰市场规模增速高达127.16%，位列医美行业首位。说明中国用户对私密项目的认知发生了翻天覆地的变化，曾经闭口不谈的私密项目成了医美整形的新风尚，中国人越来越有"性福感"。因此有专家预测，私密将成为未来20年医疗美容行业新的财富增长点。[①]

对于综合型机构来说，私密品项最大的价值不仅是产出业绩，更是留存顾客。因为私密是顾客决策成本最高的项目，顾客能够选择在一家机构做私密，意味着已经对机构建立了充分的信任，未来没有不能开发的品项了。

但是对于传统双美机构来说，自己打造私密品项甚至私密品牌，成功的概率只有1%。因为私密品项虽然属于医疗美容的范畴，但事实上是另外一个行业，无论顾客画像、消费需求还是服务方式，都与传统的生美和医美有着较大的区别。

想要把私密品项做好，必须具备多个方面的因素：有做私密的团

---

① 数据来源：《2022年新氧医美行业白皮书》

队、私密教育体系、私密获客路径、私密氛围道场等。想要从零开始整合多方面的资源，一方面是前期投入与试错成本太大，另外一方面也已经错过了行业的最佳发展期。

因此建议有志于开发私密业务的双美机构，优先选择借助外力，选择有专业实力的三方机构帮助自己开发私密业务。

253．传统双美连锁计划转型直客，需要具备哪些条件？

传统双美机构具备转型做直客的条件，因为自己的生美连锁就是通过线上获客的，但是在转型直客之前，需要做好如下准备：

①需要直客类型的咨询师

传统双美连锁机构的咨询师往往具备丰富的内渠道顾客服务经验，但是对社会大众客的消费需求、沟通逻辑、审美品位、成交习惯等比较陌生，如果直接转岗接直客咨询往往会遇到各种问题，因此需要提前储备具有直客接诊经验，在专业与审美方面比较优秀的医美咨询师。

②需要可以面诊的医生

社会大众顾客对三方平台机构的信任度高，但是对医生非常挑剔，因此直客机构对于医生的要求非常高，在专业技能之外，医生的职业形象、沟通逻辑、答疑技巧，甚至情商与成交技巧等都是影响顾客评价与最终成交的关键因素。建议直客机构采用医生首诊制，由医生通过面诊提供治疗方案，咨询师负责谈价格、谈套餐。建议提前招聘或培养拥有健全的证件与厂家的认证背书、具备见诊能力的医生。

③需要1-2台可以引流的网红爆款设备

社会大众顾客对医美行业的信息掌握程度远超过传统生美内渠道顾

客，想要吸引他们的关注与信赖，就必须拥有几款能够代表机构品质、在市场上拥有绝对竞争力，且具备较高性价比的网红爆款设备，前期用于引流相对有质量的顾客，后期经过转化用于客情维护。

254．双美连锁，线上生美转化医美率低，如何破局？

传统渠道医美在选择合作店家的时候，会要求生美门店至少开业一年以上，在考量员工人数的时候也只统计具有一年以上工龄的员工人数，这是因为生美向医美输送顾客依靠的不仅是对顾客消费需求的掌握，更是消耗服务一年以上才能够积累出来的客情关系。

双美连锁机构的内渠道顾客输送其实也是同样的道理，生美新客当年转化医美消费的概率极低。数据显示表明，三方平台引流的生美顾客升单转化率在30%左右；已转换生美消费的顾客转换到医美消费的成功率在20%左右，所以总的转化率只有6%左右。

这其实不是某个营销策略能够解决的问题，而是整个商业模式规划的问题。采用生美品项线上拓展引流，然后直接转化医美消费，这个漏斗是不成立的。建议转化商业模式，直接以医美项目线上拓客，转化升单率可以达到27%-30%，后续则可以通过生美体验型项目锁客留客，这是更科学的商业模式。

255．内渠道轻医美，如何能保持创新刺激消费？

内渠道因为顾客来源比较固定，流量拓新缓慢，所以希望能够持续推出新的品项来刺激老客的新消费，提升复购业绩。但是如果一家机构的品项始终在更新迭代，会带来几个方面的问题：

① **品牌心智混乱**

看似品项众多，却哪一个都没有形成顾客心智，从员工到顾客都不知道企业最具代表性的品项是什么。

② **研发成本高昂**

新品项的推出不是改个名字就能解决的问题，背后需要从技术研发到品项包装、营销推广等一系列的努力，否则如果只是新瓶装旧酒，很容易让顾客产生倦怠感。

③ **缺乏竞争壁垒**

品项持续更新换代，意味着每一个品项都寄生于企业品牌之下，而没有形成自己的品牌力，难以形成竞争壁垒。

因此，建议内渠道将自己的品项分成两个部分：前端的外营销拓客品项要采用顾客心目中的网红爆款，依据行业热点项目不断更换品项，市面上什么项目火，就用什么项目去做拓客引流；后端的内循环持续复购开发项目要打造机构的超级单品项目，以"一张脸"的理念去做整体解决方案，这个超级单品只做迭代升级，不做更新换代。

256. 双美连锁，可否选择筋膜类抗衰产品，解决直客和渠道的矛盾？

首先我们鼓励双美型连锁集团的直客机构走向社会大众，成为大众心目中的C端品牌，才能够真正具备品牌力。没有成功走向C端的内渠道医美，只能够通过客情关系与漏斗转化延伸医美品项销售，很难产生持久的业绩，也无法形成闭环。

内渠道医美想要面向社会大众，就必须找到自己的生态位，做到重度垂直一个SKU（特指某单品，下同），将一个品项打爆，才有机会成为一个品类的区域头部品牌。

至于这个SKU的选择，我们建议首选皮肤抗衰类顾客，将目标客群聚焦于30岁以上、有消费力、有抗衰消费意识的顾客，这批顾客更符合内渠道机构现有的团队与机构的氛围场域。

筋膜抗衰类的项目如果做为主推SKU会存在一定的难度，一方面因为此类项目没有巨额的广告推广，没有小红书、大众点评这些平台对顾客的教育，没有名人体验代言，所以还没有形成品牌化，不是顾客心目中的标准品类。

如果个体机构想要凭借自己的力量将这个品类在顾客群体中打爆，需要大量的营销成本与较长周期的种草，才能够实现足够的普及率，风险概率还是比较大的。

257．传统双美转型新双美，组织内会有哪些问题？

传统双美机构转型新双美连锁，最大的卡点在于生美与医美之间的团队融合。

传统双美的生美与医美虽然是同一个集团旗下的不同分公司，但是分属于不同的管理体系、由不同的高层进行管理、按照不同的业务流程，为了各自的业绩目标而努力，由生美团队输送顾客到医美产生消费来获取业绩分成，其本质上与渠道模式下的生美输客模式没有太大区别，一旦在各自利益分配方面出现分歧，就会出现各种矛盾和内耗。

真正的新双美应该是同一个领导、同一套班子、同一个流程、同一个业绩目标，只是分不同的科室进行交付，这就需要双美机构的负责人与销售都要做到既懂生美又懂医美，能够为顾客提供双美联合解决方案，成交之后一部分在生美交付、一部分在医美交付。

当下最大的难题就是双美型人才稀缺，想要培养这方面的人才，一方面需要专业培训，另一方面需要内部轮岗，双美的顾问与经理需要在医美工作半年到一年之后，再回到生美门店去升级双美。

这个升级可以分为三个阶段：
①第一阶段内渠道运营，并在运营中为转型培养储备人才；
②第二阶段内渠道与外渠道同步运营，面向大众直客形成品牌；
③第三阶段人才回归，把门店升级成双美门店。

在集团组织架构方面，首先要有总负责人，下设生美负责人与医美负责人。由总负责人保持组织协调与运营节奏流程，实现经营运作的一致化，保障业绩的分配与达成。

258．传统双美连锁如何实现皮肤类项目下沉生美门店？

首先，将皮肤类项目下沉至生美门店需要满足的一个前提是操作场所能够满足项目的操作资质需求，如果是破皮类的皮肤类项目，必须在有皮肤科诊所资质的机构才能够进行操作，满足项目的合法合规，避免给机构带来法律风险。

其次针对皮品项下沉的问题，需要从以下几个维度去思考：
①数据复盘
不要依据自己的主观判断去设置下沉品项，而是建议针对现有存量

顾客进行数据分析复盘：顾客当下在生美消费方面的需求是什么？消费的金额大概多少？合作的医美项目有哪些？合作项目的普及率是多少？品项下沉是为了解决哪部分顾客的哪方面消费需求……在精细化的数据分析下才能够制定出科学合理的下沉品项规划。

②业态升级

传统双美机构往往存在经营模式固化、获客方式老化、服务流程僵化等一系列问题，转型升级的核心除了选品定位之外，还需要做好经营业态与顾客教育的升级。

③团队同频

很多企业在经营转型过程中遇到的最大障碍是团队内部的阻力，因为要首先与核心团队进行思维同频，让他们理解怎么做才有可能做好；另外要攻克品项的可信度与专业度问题，通过团队全员打板建立对品项的信心。

④分步实施

每个阶段只能有一个工作重心，品项下沉也不能够操之过急，建议分为高管同频、全员打板、老客尝新、专题爆卡等几个阶段去实施，每个阶段抓住核心动作与关键指标，才能够稳步推进达成理想的结果。

259. 传统双美转型直客轻医美，如何搭建自己的竞争壁垒？

竞争壁垒是指企业在市场竞争中，基于自身的资源与市场环境约束，构建有效的针对竞争对手的"竞争门槛"，以达到维护自身在市场中的优势地位的市场竞争活动。

所以说，竞争壁垒就是品牌的护城河。直客轻医美想要打造自己的竞争壁垒，可以从以下几个方向去思考：

①品牌心智

传统双美连锁中的医美机构转型是面向C端顾客（个人消费客户）的轻医美，首先面临的挑战是必须走向大众化，在顾客心目中建立鲜明的心智，成为真正的C端品牌。

为了建立这个心智，需要在机构选址、仪器数量、审美水平、医生技术等方面建立竞争对手难以超越的高度。

②服务品质

越是高端的顾客越是在意服务与体验感，愿意为品项之外的溢价空间买单，优秀的服务品质能够给顾客带来舒适的体验与依赖性，产生不可替代的价值。

③会员营销

有效会员是品牌最有价值的资产，通过会员制营销沉淀有效会员数量，通过会员服务提升会员满意度，才能够为企业打造核心竞争壁垒。

260. 双美型轻医美机构，门头选择"轻医美"还是"集团"适合？

最成功的品牌命名是让顾客能够一目了然地了解自己的主营品类，叫"××集团"是没有什么价值的，因为顾客并不知道这是一个什么品牌，叫"××轻医美"也只能让顾客知道这个机构的经营性质，而不了解机构在哪方面最具优势。

所以医美机构在品牌命名的时候，最好能够从名称上就专注一个SKU，只聚焦自己的优势品类，比如"××眼周抗衰""××水光工坊""××脂雕中心"等。

很多机构或许会担心这种聚焦的品牌命名方式会让机构失去很多潜在客户，但事实上靶向性越强的品牌名称，越是能够吸引目标客群的关注，越是能够吸引精准流量。当机构夯实了一个细分品类的优势，打造出超高的顾客满意度之后，很容易通过内关联逻辑实现其他品项的转化升单。

261. 传统生美转型皮肤诊所，能否将顾客转诊开发大单？

传统生美医美在转型过程中非常容易受之前的思维模式影响，将皮肤诊所当作拓客引流工具，认为必须转诊到高客单的大项目才能够真正开发出业绩。

从顾客端考虑，新美业皮肤诊所服务的顾客与传统渠道顾客有很大的区别，这些文化水平高、信息高度透明的年轻顾客，转诊成功的概率要远低于经历传统生美多年洗脑的顾客。

从盈利模式考虑，所有需要转诊的盈利模式都是假的，不需要转诊的盈利模式才是真的，传统渠道医美之所以很难形成核心竞争力，就是因为跨机构转诊存在过多的不确定性。

新美业皮肤诊所最大的核心就是打造成为双牌照的皮肤管理诊所，一楼生美二楼医美或店前半面皮肤后半面诊所，形成单店的顾客消费闭环。

262. 生美连锁转型双美，光电仪器如何选择？

未来几年，传统生美连锁机构转型新型双美，将为医美行业带来巨大的业绩增量，因为他们不仅拥有大量有消费力的存量顾客，而且能够

同步满足顾客在求美方面的功能型需求与体验型需求

在新双美型机构的品项体系搭建过程中,最重要的就是光电皮肤类项目。因为双美流量的核心本质是做私域流量变现,而光电皮肤则是生美存量顾客最容易接受、最具普及价值的品类。

很多生美机构之前都是通过外部合作光电类项目来拔单开发大业绩,在自营光电项目的仪器采购当前存在一些误区:

① **什么便宜买什么**

感觉光电仪器功能都差不多,卖不卖得好全靠包装和推广,挑几款便宜的买了就行,甚至到一些展会上采购不合规的仪器。为了追求所谓的"性价比"却忽略了为顾客创造真正的价值,在信息日益透明化的今天,这种行为势必会降低顾客的信任度与品牌的势能。

② **什么最火买什么**

很多老板喜欢盲目跟风,什么仪器知名度高买什么,什么仪器网上炒得火买什么,却忽略了仪器与顾客需求的适配性,以及设备的生命周期与投资回报率。

③ **医生说买什么就买什么**

有些老板认为只要招到一个光电医生就可以了,后面的仪器采购可以完全按照医生的意见来,却忽略了很多医生在仪器的选择方面往往会有一定的偏执,会倾向于选择自己熟悉的、操作顺手的仪器,对光电品项的运营与投资回报方面缺乏全面的思考。

光电仪器采购所要考虑的本质问题不是具体买哪款设备,而是要搭建怎样的品项架构,针对什么样的顾客,搭建怎样的品项组合、卖什么样的解决方案……这样设备的生命周期才会变长,才不会被轻易淘汰,机构的投资回报率才会越高。

263．传统美业人和美业新人有什么区别？趋势如何？

传统生美起家的老美业人与经营皮管中心的新美业人看似都在拥抱医美行业，但无论团队基因、经营思路还是所面对的客群都千差万别。这两个群体的区别主要体现在如下方面：

① 经营者思路不同

传统老美业人的经营思路主要是割韭菜：通过服务为顾客提供情绪价值，与顾客建立客情关系，然后或外带到渠道医美，或输送到自己家的生美机构，或与三方机构下沉组会，源源不断的薅羊毛收割业绩。

新美业人则更具流量思维，通过大众、美团、抖音等线上平台获取流量，通过专业的服务、完善的升单逻辑与科学的会员营销体系来留住顾客、开发顾客的终身价值。

② 客户群体不同

老美业人更擅长深度服务顾客，他们服务的顾客群体多为"60后"到"80后"的传统生美顾客，她们消费力高、信息不透明，更容易被成交，但是也因为年龄普遍偏大，消费力逐步下滑。

新美业人则主要服务年轻化客群，他们所经营的医美机构无论经营模式、选址装修、消费场景还是营销模式，都是偏年轻化的，他们更擅长做社会营销与圈层管理。

③ 品项逻辑不同

老美业人在转型双美的过程中，最容易出现的问题是将生美品项与医美品项割裂开来，由不同的团队各自经营，不但难以实现效果的协同，还极易形成团队的内耗。

新美业人采用的是轻医美逻辑，他们会积极思考疗程的组合，以效果为目的为顾客提供综合治疗方案，然后通过不同的科室/产品线进行交付。

从未来的发展趋势来看,新美业人更贴近顾客需求,更具备科学的经营思维,也更能够锁定年轻客群;因此建议老美业人打破自己的认知边界与固有的思维逻辑,通过学习提升与人才引进打造更具未来前景的经营模式。

264．生美升级新双美,原店升级还是重选店址合适?

这个问题要首先考虑原有的生活美容店面是否符合新双美的经营需求:

①面积适宜

新双美门店因为要同时满足生美与医美两个品类的经营需求,要思考按照新的经营布局与品项规划,现有生美店的面积能否满足经营需求。

②布局合理

为了合理区隔顾客的消费场景,新双美门店最好能够满足"楼下医美、楼上生美"或者"左侧医美、右侧生美"的环境布局,一方面为了"一店双证"的办理更方便,另一方面也为了后期经营中更便于规划顾客的动线。

③满足办证

医美经营资质的办理较生美更为复杂,对经营场所的布局、动线及消防、环评等有更高的要求,因为如果选择在原有店址升级,要考虑能否顺利办证。

在以上三条都满足的前提下,建议选择原址升级,因为原址在顾客心目中已经建立了认知,也有了足够的老客积累,这些都是机构的生命线,能够让机构更容易存活下来。

265．20年生美连锁转型双美3年，医美业绩堪忧，如何解决？

很多生美连锁在转型过程中经常遇到的问题包括：

①品牌心智转型慢，顾客对生美团队的信任度高于医美团队，对生美品项的信任度高于医美品项；

②团队基因转变难，医美团队难以进入集团核心决策层，生美团队拥有较高的话语权，医美机构在采购投资、营销政策、运营节奏等方面受生美团队掣肘；

③医美品项打板少，生美团队对医美机构的品项、技术、效果缺乏足够的信心，打板少或者打板满意度不高，单纯以挣钱的心态而不是成就客户的心态去推荐品项。

传统生美转型的双美连锁构想要把医美板块做好，需要从以下几个方面去思考：

①老板自己是否体验过医美项目？

能够把医美做好的生美老板，一般都是医美重度消费者，不仅自己体验过诸多医美项目，而且亲自打板体验自家的医美项目，通过在自己脸上呈现出来的效果，感召更多的团队员工打板，吸引更多的生美顾客消费医美品项。

②老板是否从用户视角去思考医美运营？

很多生美老板的企业经营思路是收割的逻辑而非运营的逻辑，将多年培养出来的优质顾客当作韭菜交给不同的渠道医美或三方厂家去收割业绩。

自己经营医美机构之后，需要及时将这种收割的逻辑转变为运营的逻辑，真正从用户的视角去打磨服务品质，科学规划顾客的求美路径，才能够持久开发顾客需求，实现业绩良性增长。

③医美机构是否配备了专业人才与设备？

顾客在生美版块的消费看重功能价值与情绪价值，而在医美版块的消费则首先看重功能价值，因为生美转型的双美机构在医美版块一定要匹配精英人才与专业设备，保障技术交付品质，为顾客做出真正的效果，才能够获得生美团队与顾客的信赖。

④企业内部是否能够做到协同销售？

医美咨询师与专家团队想要获得顾客的信赖与认可，首先需要经过生美团队的充分认可，然后经过从美容师到店长、顾问、区总乃至院内前台、助理等多个岗位的层层铺垫，推崇塑造，因此在企业内部建立协同销售机制显得尤为重要。

266. 传统生美转型轻医美有几个阶段，重心分别是什么？

传统生美在转型轻医美过程中，容易遇到三个卡点：

①领导者认知瓶颈

人不能挣到自己认知以外的钱，传统生美店老板如果不能通过学习提升自己的认知水平、突破自己的认知瓶颈，很容易在转型的过程中遇到卡点。

②难以拥抱新事物

发展迅猛的轻医美行业，竞争瞬息万变，传统生美如果抱定过去的经验难以拥抱新鲜事物，就很难获得年轻客群的认可，难以为转型后的轻医美机构获取新的流量。

③信息不对称

很多传统生美行业因为思维模式跟不上市场的变化，团队中依然以传统美业人为主，在医美机构的采购方面依然选择生美展会采购的非正规仪器，因此只能服务老龄化的传统生美顾客。

传统美业转型轻医美一般要经历三个阶段：

①第一阶段：合法化

工作重心在于实现机构与品项的合法经营，在场所合规、证件合规与医生合规之外，还要实现顾客来源的合法合规，通过科学的销售升单逻辑而不是营销模式去套路客户，变顾客"被动来"为"主动来"，同时避免"医托"的嫌疑。

②第二阶段：自营化

这个阶段的工作重心是将医美品项从外部合作转为机构自营，为了实现这个目标，需要解决两个问题：

A. 团队自有化——通过招聘与培训，实现医美团队的自有化；通过内部品项打板，让生美团队充分认可自己家的医美品项；通过企业文化建设，实现生美与医美团队的磨合。

B. 节奏融合化——将生美与医美的运营节奏有机融合，避免互相抢流量、互相不认可导致的团队内耗。

③第三阶段：双美化

新型双美机构不是单纯的内部生美引流，而是同时拥有内渠道与社会大众两个顾客来源：面向内部渠道顾客的品项经过包装打造，通过内部生美团队层层铺垫销售给自己的生美顾客，由幕后医生操作；面向社会大众顾客的品项依照广告法要求保持原生状态，由医生直接面诊。